学級経営サポートBOOKS

子どもの笑顔を
取り戻す！

むずかしい 学級
ビルドアップガイド

山田 洋一 著

JN040171

明治図書

　ある教室で，こんなことがあった。

　本時の課題について個人で解決する時間になった。

　ある子がすぐに，となりの子と話し始めた。

　教師は，「○○さん，今は一人で考える時間です」とたしなめた。

　「どうしていいかわかんないから，Aに聞いたんだよ」と，子どもは言った。

　「でも，昨日までのところがわかっていれば，今日のはできるはずです。一人で考えるんです」と，その子の発言にかぶせた。

　子どもは，教師に聞こえないくらいの小さな舌打ちをして，仕方なく前を向いた。その後は，所在なげに黒板の上方を見たきりだった。

　教師は，まったく問題に取り組む気持ちのなくなった様子には，気づいていた。しかし，「しょうがない子だ」というように，ため息をついた。

　同じ教室には，個人で解決する時間になったら，鉛筆を持ち，何かを書いては消し，消しては書いている子もいた。

　問題はさっぱりわからなかったが，一人で問題を解く時間なので，とにかく一人で「解いて」いた。

　担任教師は，今日の課題はその子に難しいとは思っていたが，静かに一人で解こうとしていたので，そのままにしていた。

　しかし，その子は「静かに困って」いた。

　また，学習塾に通っているらしいある子は，「今日の問題は簡単すぎるので，教科書の後ろの応用問題を解いてもいいですか」と尋ねたが，「まず黒板の問題を解いてからです。そんな勝手はいけません」と教師にたしなめられた。さらにその後「途中の計算は面倒なので，答えだけ書いてもいいですか」と尋ね，再びたしなめられた。

　教師も，子どもも学校にある「こうあるべき」にとらわれすぎてはいない

だろうか。

　問題は，まず自分一人で解くべき。

　問題を解くときは，黙って行うべき。

　教師の示したやり方で，問題は解くべき。

　こうした「べき」に，子どもを合わせることを，教師は教育することだと思ってはいないだろうか。そして，子どもが「べき」に合わせることができるようになったときに，子どもが「成長した」と考えてはいないだろうか。

　先ほどの子どもたちにとって，本当は教科の目標や本時の目標を達成することが成長であったはずだ。また，それこそが重要なことであったはずだ。

　そうであるなら，問題解決の過程でわからなければ，もう一度教師に尋ねてもいいし，周囲の子に尋ねてもよかったのではないだろうか。

　また，ただ意味なくノートに文字を書いたり消したりを繰り返すくらいなら，友だちに解決方法を相談してもよかったのではないだろうか。周囲の子も，その様子に気づいているのなら，「何か困っている？」と声をかけるべきだったのではないだろうか。

　そして，すでに本時の目標に到達しているのであれば，さらにむずかしい問題を解くことを許されてもよかったのではないだろうか。

　既に，学校は古くなったのだ。

　もちろん，今までの学校が大切にしてきたことで，今もなお子どもたちにとって重要な指導事項はある。しかし，「学校の『べき』」が，却って子どもたちの不適応を生み出している部分があるとは言えないだろうか。

　本書では，「むずかしい学級」での学級経営や学習指導の考え方や，アイディアを紹介するという体をとりつつ，「学校の『べき』」を精選して，教師が本来するべき事柄を示したつもりである。

　教師が本来の仕事をすることによって，今まで「学び」からスポイルされてきた子どもたちが，よりよく学べるようになると，私は信じている。

山田　洋一

目　次

第 3 章 「むずかしい学級」学習指導ビルドアップ
―学びのユニバーサルデザイン―

第 ④ 章　「むずかしい学級」の「困った！」への対応

第1章
公園モデルで行う
「むずかしい学級」の運営

「公園モデル」に切り替えよう

1　個人間の差異は増大している

　学級を円滑に，かつ正常に運営するためには，規律，規範，それにあわせて人間関係が大切だと言われる（例えば，河村茂雄のＱ−Ｕに関する一連の研究[1]，また横藤雅人による「織物モデル」[2]がある）。

　学級経営をする担任にとって，こうした研究において示された考え方や，その考えに沿って提案された各種実践の方法を学ぶことは重要である。特に，「むずかしい学級」を担任する教師にとって，規律や規範を徹底することは一年を通じて，正常に学級が運営できるかどうかという点で，気にかかる点だ。また，教師と子ども，子ども同士の人間関係をどうつくるかは，豊かで楽しい学級経営を行うのに必須の事柄である。

　しかし，この規律や規範を徹底するということや人間関係をつくることが，「むずかしい学級」では，それこそひどく困難なことなのだ。掲示物などを使って，規範や規律を徹底しようとしても，その都度くり返し指導しても，それに反する行為が止まない。そして，教師が規律や規範を徹底しようとすればするほど，学級の雰囲気は悪くなり，あたたかな人間関係とは，ほど遠い状態となってしまう。つまり，教師が教師としての職責を果たそうとすればするほど，教室の状況は却ってむずかしいものとなってしまうというわけだ。残念ではあるが，これが「むずかしい学級」の現実だ。

　あわせて，この規律や規範を個々の子どもたちに教え，意識させ，習慣化させることは，近年非常にむずかしくなってきている。特別なニーズを持った子どもの存在がそうさせていると言う人もいる。だから，一人ひとりに合った配慮をすべきだ，と。しかし，そうした子どもたちに合った特別な措置を個々に適用すればするほど，他のニーズを持った子どもたちの反発を買う

ことも多い。例えば，「○○だけ，ずるい」という訴えである。

　こうした近年の教室の状況に対して，もっと「進んだ言い方」をすれば，すべての子どもたちが特別なニーズを持っていると言え，そうした認識に立てば，画一的な規範や規律をどの子にも同程度に徹底することなど，どう考えてもむずかしい。どの子も日々，様々な感情の波を持ち，認知の特性があり，嗜好も十人十色で生活しているからだ。しかも，個人が持つコミュニケーション能力も様々だ。

　もちろん，これらのことは今始まったわけではないのだが，以前に比べ，個人間の差異はますます大きくなり，多様になったという実感が，現場の教師として，私にはある。

　こうした状況にある現在の教室において，従来の「規律，規範を守らせることや，豊かな人間関係を構築すること」は，もちろん重要である。しかし，それらを十分に行うためには，教師自身が学級経営に関するとらえ方や考え方を拡張したり，新たな学級経営スキルを身につけたりすることが必須である。

2　UDL の考え方を学級経営に活用する

　子どもたちをひとくくりにしたり，簡単にタイプ分けしたりすることができず，その対応がむずかしい今日の学級経営。そこにヒントを与えてくれるものとして，私が注目したのは「学びのユニバーサルデザイン（Universal Design for Learning：以下，UDL）」という考え方である。

　UDL は，米国の研究機関 Center for Applied Special Technology （CAST）が開発したすべての子どもが学べるための授業デザインのフレームワークである。この授業デザインのフレームワークを，学級経営にも活用しようというのが私の主張である。

　まずは，UDL の考え方の概要を説明しよう。

　バーンズ亀山静子（2020）によれば，「UDL では，障害の有無にかかわら

ず，すべての子どもの学習の伸びを助け，子どもたち自身が学びのエキスパートになれるように支援することを目的にしている」とし，「UDL の目指す学びのエキスパートとは，自らの学習に主体的にかかわり，舵取りしていく学習者である」という[3]。

UDL では，科学的なエビデンスに基づいて授業のためのガイドライン（図1-1）を作成している[4]。このガイドラインでは，学習に関わる脳は３つのネットワーク「感情」「認知」「方略」に分けられていて，それぞれについて「取り組み」「提示（理解）」「行動・表出」の《３つの原則》を示している。また，その成熟によって，「アクセスする」「積み上げる」「自分のものにする」という３段階があり，合計９つの窓のガイドラインがある。

UDL 研究会（2020）によれば，UDL の特徴は，「オプション」「代替手段」「段階的支援」「調節可能」という４つのキーワードで説明できるという[5]。まとめると次のとおりである。

・オプション……学ぶための教材や環境の選択肢。
・代替手段……授業の目的を達成するために用意した他の選択肢。
・段階的支援（scaffolding）……提供した支援を必要に応じて減らしていくことであり，それは「調節可能」である。

次に，私がなぜ UDL の考え方を学級経営に活用できると考えているかを説明しよう。

私は，UDL の「障害の有無にかかわらず，すべての子どもの学習の伸びを助ける」という考え方が，今日の「むずかしい学級」の状況に対する方略を与えてくれるものと考えている。

UDL のフレームワークを活用した授業では，支援が必要な子どもだけに注目してアプローチするというのではなく，すべての子どもたちが自己調整しながら学習を進めることができるためのいわば「環境」が用意される。それを，子どもたちが選択したり，あるいは必要な支援を要求したりしながら学習を進めることを目指す。

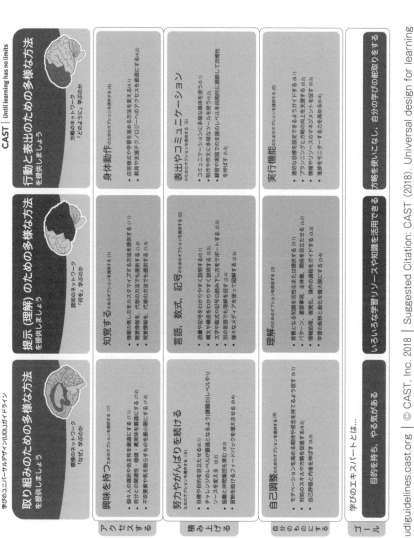

図1-1　UDL ガイドライン一覧表

ここでは，「○○だけ，ずるい」という感情や訴えが生まれにくい。誰もが，自分に合った方法を選択することが許されているからだ。

　こうしたフレームワークが，様々な多様性が存在する今日の教室にヒントを与えてくれることは間違いないだろう。

　また，学級における子どもたちの生活の本質は学習である。

　子どもたちは，学級における取り組み（規律・規範を守る，人間関係を結ぶ，役割を担うなど）を通して，幸せな生活者に自分でなることを学ぶ。

　もちろん，はじめからそうなることは，子どもたちにとってはむずかしい場合が多い。そこで，「オプション」「代替手段」「段階的支援」「調節可能」などのキーワードで表される人的・物的な環境を教師が整え，子どもたちの発達を助けるというわけだ。こうした子どもたちの発達支援こそが，教師の最も重要な仕事なのだと，私たちは肝に銘じるべきだ。子どもの発達を却って阻害する学校の「あるべき」に，子どもを沿わせることが私たちの仕事ではない。

　以上が，私がUDLの考え方を学級経営に活用できると考えている理由である。

3　公園モデルで学級経営を考える

　前節で紹介したUDLの考え方やその特徴をもとにして，私が考案したのが「学級経営の公園モデル」である。これは，新しい学級経営の機能を公園のメタファーで説明しようという試みである。

	公　園	学　級
目　的	憩いや遊びのために人々が集う。	学習活動を通して，人間的成長をするために子どもたちが集う。
管理運営	設置者が，目的を達成するために，遊びの多様性を担保しつつ，公園施設をデザインしたり，保全したり，過ごし方について啓発したりする。	子どもが目的を達成するために，教師は学びの多様性を認めながら，教室運営全般をデザインしたり，直接行ったりする。また，教室での適切

		な過ごし方について，子どもたちが自身で気づけるように支援する。
メンター	保護者や通りかかった地域の人が，過ごし方について伝える。また，子ども同士で遊びや公園での過ごし方を考え，伝え合い，互いにメンターになることもある。	教師やゲストティーチャーが過ごし方について伝える。また，子ども同士で教室での過ごし方を考え，伝え合い，互いにメンターになることもある。
規律・規範	目的を達成するため，最低限のことが決められている。そこで楽しく過ごすために，それを利用者が自覚をもって守る。遊びの細かなルールは，利用している人が相談して決める。	公園と同様。 （※一つひとつの規律を守らせるというのではなく，フレームが決まっていて，それにかなうような行動がとれるように支援していく。また，子どもがルールを決めることもある）
人間関係	特に仲のよい人同士で遊ぶ場合もあれば，遊びに合わせてメンバー（ときには大人を含む）を選択する場合もある。	特に仲のよい人同士で過ごす場合もあれば，活動に合わせてメンバー（教師も含む）を選択する場合もある。
選　択	目的を達成するために，どのように過ごすかを選択する。（例：鉄棒をする子もいれば，鬼ごっこをして遊ぶ子もいる）	目的を達成するために，どのようにするかを子どもが選択していく。（例：学習や係・当番活動，遊びなど，諸活動の仕方等について子どもがよりよいものを選択する）
調節可能な段階的支援	目的を達成するために，段階的な支援が準備されている。また，必要な支援や環境を自分で，増減する。（例：鉄棒の高さを選ぶ。ブランコは，うまくなるまでは押してもらうが，上達したら自分でこぐ）	公園と同様。 （※教師や級友の支援，掲示物や環境的支援などを増減して，集団生活において，自分でできることを増やす） （例：当番活動は一人でできるが，係活動は教師から声かけをしてもらう）

　本書では，以上のような新しい学級経営のモデルに沿った方法を紹介することとする。それらに含まれている要素の真骨頂は，「オプション」，「代替手段」，「調節可能」な「段階的支援」ということである。

　このモデルは，教師が一つの価値を示し，それにすべての子どもたちをも

れなく導くというようないわば「鵜飼い」モデルではない。ある時期，学級経営に必要な要素として教師の「統率力」という概念が，使われたことがあった。「統率力」という言葉が，「教師の指示によって，子どもたちを動かすことができる力」を意味するとしよう。その限りにおいて言えば，「統率力」の必要がない指導はないと言える。それがなければ，恐らく授業は一歩たりとも，前へ進まない。しかし，この「統率力」は子どもたちが適切に学習することを保障する，という目的の下に必要なのだ。

　ところが，単に言うことを聞かせるということが目的になってしまっている場合を，私はしばしば目にする。子どもたちの学習にとって重要ではないと思われることまで，規制し，統制するために「統率力」が発揮されてしまっているのだ。このような「統率力」は，教師の心地よさのためのものであると言える。子どもをよりよく発達させるものとは，到底言えない。

　また，一方で一人ひとりの特質にあった支援を，もれなく教師が提供しようとする学級経営もある。そうした学級経営は，前述したような「不公平感」を結果として子どもたちにもたらすことも少なくない。

　そこでは，教師と子ども，子どもと子どもの間のハレーションがしばしば生じる。

　本書では，そうした「与える」学級経営モデルでもない，また，本来の教育目的を達成するためではない統率が行われる「鵜飼い」モデルでもない，第3の方法を志向したい。

　もちろん，教師は教示もするが，環境を整えることで，子どもたちが発達するための適切な方法やあり方について，やがて自分で選ぶ力をつけられるような学級経営を目指す。

　また，公園が設置者だけのものではないように，教室は教師の自己実現のためだけにあるのではない。それは，教師が主体となって，おもしろがらせ，楽しませる学級経営を手放すという意味だ。

　地味だけれど，子どもたちにとって「丁度よく学べる場所」に，教室をする方法を提案しようと思う。

「公園モデル」のイメージ

「困っている」と言ってみませんか

　ちゃんとやらなければ，しっかりしなければ。

　自分は大人だし，なにより自分は教師なのだから。

　子どもたちが安心できるようなことを言い，今，目の前にある課題をすっきりと解決する。そうあるべきだ。

　というようなことを考えているあなたは，教師に向いている人だ。

　そのような責任感のある人こそが，教師をするべきだ。

　でも，あなたがそうしたあり方で子どもたちの前に立つことで，あなたも，子どもも，今少しつらくなっているのかもしれない。

　生きる目的は，幸せになることだ。

　あなたは今，幸せだろうか。

　もしも，そうでなかったら，幸せになることを忘れて，全力で生きることが，あなたにとっての目的になっているのかもしれない。

　教師は，子どもにとっての生きるモデルの一つだ。そんながんばるあなたを見て，子どもたちも少し苦しく感じているのかもしれない。「とにかくがんばらなくてはいけないんだ」と。

　「そんなことわかっています。でも，どうしていいかわかりません」とあなたは言うかもしれない。

　そう，だからあなたはきっと，教師に向いているのだ。

　わかっていても，どうしていいかわからない。

　人は，そんな矛盾を抱えているものだ。

　矛盾を抱えながら生きていく，あなた。子どもたちにとって，なんとすばらしいモデルなのだろうか。きっと子どもも同じはずだ。

　だから，少しだけ明日から子どもたちにあなたのことを語ってみよう。

　「私，がんばっているけれど，今うまくいかなくて困っている」と。

第2章
「むずかしい学級」ビルドアップ

学級づくり７日間23のポイント

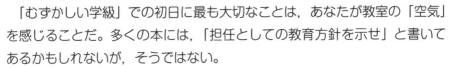 point 1 自分の目で教室の空気を確かめる

教室の空気を感じる

「むずかしい学級」での初日に最も大切なことは，あなたが教室の「空気」を感じることだ。多くの本には，「担任としての教育方針を示せ」と書いてあるかもしれないが，そうではない。

前担任が引き継ぎで言っていたことも，担任以外の教師が「教室の外」から見ていた「空気」も，あなたが予想していたことも，恐らく実際とは，ずれているに違いない。

子どもたちにとって，あなたはまだ「担任」ではなく，あなたの言うことを聞く義務はない，と考えているかもしれない。

また，あなたの想定していた「あれをしよう。これをしよう」「あれを伝えよう。これを伝えよう」という計画も，却ってあなたの言動を間違った方へと導くかもしれない。もちろん，想定しておくことは指導の上では大切だが，それに縛られないことはもっと大切だ。自分が想定してきたことが，少しでも教室の「空気」と合致しないようであれば迷わず「捨てた」方がいい。

よい行動を強化する

始業式，着任式の後に，はじめて教室に行く場合，「おはようございます」と入室する。そのとき，あいさつを返す子は誰だったろうか。声が小さい場合，あいさつをもう一度繰り返すが，その際「1回目より大きく声を出した子」「変わらない子」「めんどうそうにしている子」は誰かを見る。

続いて，「今の始業式でおしゃべりをしなかった人，手を挙げて」と尋ねる。

「そうか，しゃべらなかったんだね」と笑顔で返す。

「『おしゃべりをしてしまったなあ』と思う人は？」と続ける。

誰が手を挙げているか見た上で，「正直でいいねえ。ただ，おしゃべりをしてしまったからといって，がんばらなかったわけではないよね？ 結果だけではわからないこともあるね」と，話す。

途中で，「○○も，しゃべっていたじゃないか」のような声が上がる場合がある。

その場合は，言った子の顔をしばらく見つめた後，「正直に手を挙げた方がいいと思っているんだね」とだけ伝える。

「人のことは，関係ない」などと言ったりするのではなく，その子の発言の裏にある思いをくみ取って対応する。他人に対して，正直さを求めること自体は悪くはないことだ。

この場面での主眼は，教師が言ったことやしたことに対して，誰がどのような反応をするのかを見ることだ。だから，終わってしまったことへの叱責はせず，確認だけにする。

また，いい意味で，今後につながる子どもの行動については認め，その行動が強化されるように指導する。大切なことは，教師が一方的に望ましい行動について明示してはいけないということだ。それは，場合によっては違和感を持たせ，反発を招く。あくまで，子どもたちのよさを拾うことに徹する。

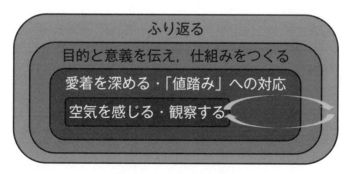

学級づくり はじめのポイント
4つのポイントは順序を示すわけではなく，常に往還する。

「値踏み」に対応する

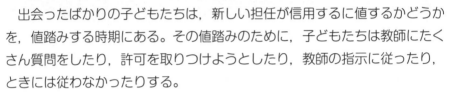「値踏み」には，２つのタイプがある

　出会ったばかりの子どもたちは，新しい担任が信用するに値するかどうかを，値踏みする時期にある。その値踏みのために，子どもたちは教師にたくさん質問をしたり，許可を取りつけようとしたり，教師の指示に従ったり，ときには従わなかったりする。

　「むずかしい学級」では，こうした値踏みのための行動の現れ方が，概ね２タイプある。

　一つは，教師からたくさんの許可を得ようとする行動がたいへん多い場合である。質問が非常に多く，それによって教師の許可を一つひとつ取りつけようとする。今までの担任が高圧的な指導をしてきたという場合に多い。一方で，「見通しが持てないことを不安に感じる」子どもたちが多いという，クラスの特性による場合も考えられる。こうした場合，一度確認したことは紙に書いてしばらくの間掲示したり，作業などの工程をすべて示したりするなど，不安を取り除いてあげる対応が必要となる。こうしたことは子どもへの対応であると同時に，教師の対応がブレてしまうことへの予防にもなる。

　もう一つは，質問や許可を取りつけることをほとんど行わず，教師が示したことを，軽く受け止めているように見える場合である。はじめから教師の指示を聞き逃しているという場合，また，聞いてはいたが忘れてしまっているという場合もある。さらに，教師の指示を覚えてはいたのだが，衝動性が高く，結果的に教師の指示を無視してしまったという場合もある。

　こうした子どもたちには，まず「聞いていなかったのか」「聞いていたが忘れたのか」，それとも「納得がいかなかったのか」などを確認し，一緒に対処法を考えてあげる必要がある。

結果的に「わがまま」にしてはいけない

　もう一つ，値踏み行動の例として，自分の要求を教師に強く訴えてくるという場合がある。例えば，初日に子どもたちが出席番号順の座席で座っているとしよう。短い学級指導を終え，「さようなら」をする。

　すると，すぐに子どもがやってくる。

　「先生，いつ席替えするんですか？」と尋ねる子ども。

　「そうだねえ，1ヶ月後くらいかな？」と，答える担任。

　「ええ!?　どうして？」と子ども。

　「提出物を集めたりするのに便利だし，みんなが名前を覚えるときにも出席番号順だと覚えやすいでしょう？」と，担任。

　ここから，子どもは教師を値踏みする行動をはじめる。

　「提出物を集めるなら，ぼくが集めますよ。そういうの得意だから。それに，名前なんて，低学年のころにほとんど覚えちゃってますよ，みんな。2つしかクラスがなくて，1，2年生のころ，同じクラスだった人も多いんですから。1ヶ月なんて，長すぎますよ。2週間で，十分です」

　このように要求してくる。教師は，この子どもの言葉通りにすることを，たいしたこととは思わずに，「そうか，そうだね」などと答えてしまう。

　これで，この子は一つ大きなことを学習した。「この先生は，理由をつければ，ぼくの言うとおりにしてくれる」と。おそらく，この子どもは自分の行動の意味に無自覚であるだろう。単に教師に要求を伝えたに過ぎないと思っているに違いない。しかし，今回「学習」したことをこのあと何度も繰り返してしまう。それも，自分の都合で。それを，一般には「わがまま」と言う。

　この場合，この子は，教師の対応によって結果的に「わがまま」になってしまったと言える。「わがまま」はつくられるのだ。こうした状況は，その子も，クラスの子も，担任教師も幸せにはしない。

　次のように答えればよいのだ。「引き受けてくれるのはうれしいけれど，仲間の名前を覚えられない人もいると思うから，1ヶ月後に席替えだね」と。

point 3 愛着を深める

教師への愛着を深める

　教師との関係を，自分にとって意味があり，大切なものだと感じる。これは子どもにとって，通常は当たり前のことだ。学年の初期においてはなおさらで，自分の前に立った担任に対して，ふつう，子どもたちは次のように思っている。

「この人の言うことを聞いて，１年間しっかりやろう」

「先生は，どんなよいことを自分に教えてくれるのだろう」

　ところが，「むずかしい学級」の中には，こうした感覚を持たない子が多い。過去の負の「学習」がそうさせるのだ。

「どうせ，自分を裏切るんだろう？」

「どうせ，自分たちのことを決めつけて，叱るんだろう？」

「どうせ，悪いことをしている人たちを止められないんだろう？」

　こんなふうに感じているのだ。

　ふつう，教室には「教室に適応している子」「様子を見ている子」「不適切な行動を繰り返してしまう子」「無関心な子」の４つのタイプの子がいる。これらのうち，後者２つのタイプの子が多くなった場合に，その学級を「むずかしい学級」だと，私は考えている。近年「無関心な子」が増えてきているという指摘があり，そうした「荒れ」を「静かな荒れ」と言う。

　いずれにしても，教室で「不適切な行動を繰り返してしまう子」や「無関心な子」の教師への認識を変えるには，段階を踏んで「教師と子ども」の関わりを増やし，教師との愛着を深めるしかない。それは，はじめに教師が何かを語り，その言葉によって関係を改善するということではない。特に，初期においては，子どもの言葉に徹底的に耳を傾けるという態度が求められる。

選択してもらい，バリアを取り除く

　愛着を深めるにも，「むずかしい学級」では，それがとてもむずかしい。例えば，話しかけると無視される，避けられる，暴言を吐かれるなんていうことも，珍しくない。そこで，いきなり話しかけるのがむずかしい場合は，「みんなのことをよく知りたいのでプリントを用意してきました。書いてください」と話し，以下のようなプリントを配付する。

名前 _____

　※下の「1」〜「6」は，書いてもよいし，書けない場合は書かなくてもよいです。

　1　私は（　　　　　　　　　　　　　　　　　）が好きです。

　2　私は（　　　　　　　　　　　　　　　　　）がきらいです。

　3　私は，こんな人です。（言葉でもよいし，イラストなどでもOK）

　4　私のことで，先生に知っておいてほしいことは，次のことです。

　5　こんなことが得意です。

　6　こんなことが苦手なので助けてほしいです。

　7　このあと，どうしますか？　あなたが，よい方に○をつけてください。

　　・先生が返事を書いて，それをください。

　　・先生と直接話をしてもよいです。

　重要な点は，「1」〜「6」の項目について，「書かなくてもよい」という選択肢を設けたこと，また「7」も選択にして，子どもたちが得意な交流の方法を選べるようにしたことである。こうすることで，教師と交流することに対するバリアが取り除かれる場合がある。

point 4 小さな問題場面を見逃さない

小さな言動から全体を想像する

　教師は，子どもが教師に見せている面にアプローチする。そして，その見える部分でしか子どもを評価していないことが多い。

　しかし，子どもは多面的だ。教師に見せている姿だけが，子どもの姿ではない。

　「いい子」と思っている子の課題が休み時間に見えることもあれば，「課題の多い子」と思っている子のよさが休み時間に見えることもある。

　また，「仲のいい子どもたち」の中に，「仲間としての課題」を見ることもある。

　そんなときに，子どもにそのことを適時フィードバックしていくことが，学級経営では重要な意味を持つ。

　教師から見えている面を「表（おもて）」として，教師から見えない面を「裏（うら）」とすれば，「表」しか見えていない教師を子どもはやがて侮るようになる。

　「先生には，どうせわからないよ」と子どもたちは思うわけだ。

　基本的には，子どもといる時間を長くすることがそう思わせない予防になる。

　そうは言っても，グラウンドに行けばよいのか，図書室に行けばよいのか，はたまた教室で一緒に絵を描いていればよいのか。

　教師の体は一つしかなく，当然行ける場所は一ヵ所だ。

　そこで大切なのは，子どもの小さな言動から全体を想像して，アプローチするということである。些細な子どもたちの言動をつかまえて，子どもたちに自己改善を促すということが大切だ。

小さな問題行動をつかまえる

　「子どもの言動から全体を想像する」には，何に注目すればよいのだろうか。「子どもの小さな変化に気づくようにしよう」とよく言われるけれども，実のところよくわからない。具体的に書いていくことにしよう。

　まず，子ども同士の物理的な距離に注目する。例えば，4人のグループがあったとしよう。その中のAがリーダーである。AとBとCは肩を組み合ったり，じゃれ合ったりしているが，Dとは3人とも距離がある。

　もちろん，こうした場合，Dがグループの中で抑圧されていないかを気づかう必要がある。しかし，4人をバラバラに呼んで，「Dのことを大事にしていないんじゃないか？」とか，逆にDに対して「何か嫌な思いはしていないか？」とか尋ねるのは，あまりよい方法とは言えない。

　教師の見えないところで，「お前，先生に余計なこと，言っただろう？」とDを詰問したり，さらに疎外したりということになりかねないからだ。

　力関係に大きな差がありそうな小集団に対しては，まず即時指導の場面を見つけることが必要である。その場面とは，弱い子が「軽く」被害を受けている場面である。例えば，軽く小突かれているときや，軽くからかわれているときがそれに当たる。その場面が見られたら，すぐに「今みたいなのは，やめてくれる？」と伝える。「いや，先生，ぼくたちはいつもこうなんですよ」「それにDは，嫌がってないんですよ」などと，D以外の3人が言ったとしても，それを受け入れない。「いや，たとえDが『いい』と言っていたとしても，見逃すわけにはいかない。ここは40人もいる学級だから見ていて，『嫌だな』と思う人もいる。それにDの本当の気持ちは，君たちにもわからないのではないか？」と，ここは引き下がらない。

　このように小さな問題場面を見つけ，指摘して，絶対に譲らない。ここで譲ってしまったら，二度とそのグループへの指導はかなわなくなってしまう。子どもたちに「これからは気をつける」と言わせるか，それができないなら，「先生は，そういうのは嫌いだから」ということだけはしっかり伝える。

point 5 慎重な子とペースを合わせる

慎重な子との距離を縮める

　活動的な子どもたちが，休み時間になると体育館やグラウンドへと遊びに出て行く。

　もちろん，子どもたちと親しくなるために，それについて行き一緒に遊ぶ。しかし，それだけを繰り返していると，休み時間の様子がまったく見えない子どもが出てくる。

　図書室で本を読んでいる子，なんとなく友だちと学校内を移動して歩いている子，教室でおしゃべりをしている子，絵を描いている子。

　そんな慎重な子どもたちのことも，担任なら当然知りたいし，親しくなりたい。ところが，そうした子たちは担任が教室にいても，なかなか向こうから関わってくることはない。距離が縮まらないのだ。担任ならそうした状態に不安を感じる。

　また，そんな子どもたちといきなり話をしようとすると，なかなかむずかしい。そこで，まずは教室にいること，そしてそばにいることが大切だ。

　同じ空間を共有するということを，第一のめあてにするとよい。これならできるはずだ。こうすると，その子のことがあなたの目に入るし，子どもからもあなたの姿が目に入ることが多い。

　第二に，話しかけなくてもいいから，その子のことを考える時間を増やすことだ。第一のめあてで，その子のことが目に入っているので，考えること，思うことも自然とできるはずだ。「○○が好きなのかな」「□□のときは嫌そうだな」などと考えるのだ。直接アプローチしている時間だけが，その子の担任としての仕事をしている時間ではないのだ。そして，このような子どもへの興味，関心は表情や姿勢となって子どもに伝わっていく。

ペースを合わせて少しずつ関わる

慎重な子どものことを，ただ思い，考えても実際には親しくなれるわけではない。

そこで，親しくなるためのアプローチが必要だ。そうした慎重な子どもと親しくなるための有効な手段がいくつかある。例えば，次のようなことである。

・やっていることを一緒にやってみる。（本を読むのが好きな子がいれば，その子が読んでいる本を読んでみる。絵を描いていれば，絵を描く）
・一緒に教室で遊ぶ。（何人かでできるカードゲーム，トランプなどをする）
・何か頼み事をする。（黒板を消してもらう。隣のクラスの先生に届け物をしてもらう）
・持ち物や服装について，話しかけてみる。
・給食のとき，さりげなく隣に座る。
・相談をしてみる。（「先生，ダイエットがうまくいかなくて困っているんだけど……」）
・授業中に，そっと肩に触れながら「ナイス」「その調子」などと声をかけてあげる。

慎重な子どもたちは，慎重なだけで人と関わりたくないわけではないことが多い。むしろ，とても強く「誰かと友だちになりたい」「人と親しくなりたい」と思っていることが多い。

そう思っているのにもかかわらず，実際にはスムーズに関われないので，却って苦しくなってしまう。

大切なことは，その苦しさをわかってあげた上で「無理しなくてもいいよ」と伝えてあげることだ。そして，教師の側も一気に関わろうとはせず，ペースを合わせて少しずつアプローチすることだ。

point 6 教師が言ったことは，徹底する

指示を徹底しないのは，指示しないよりも悪い

　学期はじめには，子どもたちに向けてたくさんの指示がされる。筆記用具やノートなどの学習用具の準備に関すること。また，ランドセルや書道セット，絵の具セットの置き方などの教室環境に関わることと，多岐にわたる。

　まず，これらの指示について，指示の出しっぱなしはいけない。指示の出しっぱなしとは，例えば「筆箱に入れておく鉛筆は，B以上の濃さの鉛筆を5本以上にしましょう」というような指示を出した後，点検や確認をしない状態を言う。こうした指示が必要かどうかは，ひとまず横に置くにしても，指示を出しておいて点検や確認をしないのは最悪だと言える。これは，指示を出さないよりも悪い。

　なぜなら，教師の言うことは重要ではないというメッセージを，子どもたちに送ってしまうことになるからだ。

　例えば，先の「鉛筆5本以上」の指示を出したとしよう。当然，その通りにしない子やできない子が出てくる。そのときに，はじめのころこそ見つけては，その都度注意を与えるかもしれない。しかし，段々そんなことは意識から消えていくころ，ある子どもから「先生，Aさんがシャープペンを持ってきています」というようなことを言われる。Aさんを注意するが，そのころには，すでにBさんもCさんもDさんも，シャープペンを使っているという状況であったりする。そして，その子どもたちへの指導が通らないとしたらどうだろうか。

　「先生は，言ったことを徹底できない」→「徹底できないということは，重要なことではない」→「先生の言うことは，多くの場合重要ではない」と，移行していき教室は混乱していくことになる。

28

一つのことを徹底することで，責任を教える

指示を徹底したいなら，まず初期の細かな点検を徹底する。次のようにする。

---

① 「4月15日までに，筆箱の中身は〜としておきましょう」のように指示をする。このとき，「なぜ，そうするのか」という趣旨も説明する。
②口頭の指示に加え，同内容を教室内に掲示でも知らせる。
③学年通信，学級通信でも知らせる。
④締め切りの期日がきたら必ず確認をする。

---

④の確認は，様々な方法がある。筆記用具の場合は，1回目の確認は全員に用具をすべて机上に出させて，教師の直接の目視によって行う。基本的には，「合格」「不合格」を口頭で伝える。

その後，「『合格』と言われた人，立ちましょう」と指示をする。「たいへんすばらしいです。世の中の色々な仕事のほとんどには締め切りがあります。そのことをしっかり守る人というのは，誰からも大切にされますよ」と話をする。

さらに，「『不合格』だった人，起立」と言う。一瞬で，教室は緊張した空気に包まれる。そこで，「失敗は誰にでも必ずあります。すぐに取り返してください。その前に，どうしようもない事情で用意できなかった人はいますか」と尋ねる。いなければ，「それでは，いつまでになら用意できるか聞かせてください」と言って，一人ずつ確認していく。その際，すべて期日は教務手帳に書き込み，期日になったら必ず確認をする。

その後も，1週間後，3週間後，1ヶ月後というふうに何度か確認を行う。ここで大切なことは，子どもが自分で期限を決めるということだ。教えるべきことは，単にルールを守るということだけではない。自分で決めた期日を自分で守るということ。それによって責任について学ぶということなのだ。

叱らず，子ども自身の力を伸ばす

叱ることは，むずかしい

叱るときに，2つの意識を教師は持つとよい。

一つは，教室で子どもがとった不適切な行動を，その子に改善させるということ。つまり，個人の成長のために叱るという意識である。

もう一つは，その子を指導しつつ，学級全体に対しても指導しているという意識である。つまり，学級の成長のためにも叱るという意識である。

これらは，バラバラにあるのではなく表裏一体の事柄だ。

もしも，個人への指導がうまくいけば，他の子どもたちも「私も気をつけなければならない」と思うだろう。

しかし，個人への指導がうまくいかなかった場合は，他の子どもたちまでも担任に反感を持ってしまう。「先生ひどいよね，○○さんがかわいそう」というように。このようにうまくいかなかったときの波及効果は，「むずかしい学級」では速く，大きい。

このように書くと，叱るということはとてもむずかしいことに感じられる。その通りなのだ。ほめることで学級が崩れることはないが，間違った方法で子どもを叱ったときには，それが簡単に起きてしまう。

その上，教師から叱られたら素直に自己改善するという習慣が，「むずかしい学級」にはない。だから，これで大丈夫だというような叱り方の鉄則などというものは，「むずかしい学級」には存在しないのだ。

ただ一つ言えるのは，教師は不適切な行動をとった「子どもの特性」「その子のクラスでの立ち位置」，また「その子をどのように叱れば，学級全体にどう波及するのか」を見極めなければならないということだ。これらのことを意識せずに叱ることは，とても高いリスクを伴う。

不適切な行動をとった子自身の力を伸ばす

　端的に言えば，「個人の成長を担保しつつ，学級全体も成長できる」叱り方ができればよい。しかし，このようなことを一人の教師が行うことは，恐らくは無理である。

　先に述べた「子どもの特性」「その子のクラスでの立ち位置」，また「その子をどのように叱れば，学級全体にどう波及するのか」を見極めることはとてもむずかしく，その上，その教師の「できる叱り方」と「できない叱り方」という条件も，関係してくるからである。

　そこで，「その子の生活を改善するために，教師が，すべてしなければならない」という考え方をいったん手放そう。

　教師が不適切な行動を発見し，改善するための方法を考え，点検し，フィードバックすることに苦心するのではなく，子どもの力をこそ伸ばすようにする。教師は，そのことに力を貸すというスタンスで関わる。

　例えば，たびたび始業に遅れる子がいるとする。

　「遅れてはいけないことは，知っている？」（知らなければ，教える）

　「はい」

　「どうしたら遅れなくなれそう？」（答えられれば，それを試させる）

　答えられなければ，「例えば，次のようなやり方があるから，選んでみてね。①時計を見るようにする。②チャイムが鳴ったら，すぐに教室に向かうようにする。③5分早く，戻ってくる。④友だちに声をかけてもらう。……」のように例示する。

　こうして，その子が何かを選べれば，それを試すように促す。選べないようなら，順番に一つずつ試してみる。選んだ方法でできるようになったときは，自分で決めた方法で改善できたことを認め，フィードバックする。

　そして，徐々に支援を減らせるよう働きかける。

　一方，その方法で改善できなかった場合は，どうしてできなかったかを尋ねて，次に試す方法を一緒に考えるようにする。

point 8 結果をほめずに、過程を認める

ほめることが逆効果になることがある

　「むずかしい学級」ではほめることもむずかしい。

　ほめることで、「むずかしい学級」での少ない「望ましい行動」を強化したいと教師なら誰でも思う。

　また、「むずかしい学級」では、善・悪をしっかり伝えることが大切だという考えもあるだろう。

　それは、確かにその通りだ。しかし、そのために特定の子どもを「よいモデル」として取り上げることにはリスクがある。

　一般に、高学年男子はみんなの前で多少大げさなくらいにほめても、その効果は問題なくあらわれる。

　しかし、女子ではそうはいかないことが多い。一般に、女子の場合、全体の前で、取り立ててほめるということが効果を上げないことが多い。

　集団の中で自分がどう見られるかをとても気にする女子は、教師のほめ言葉によって、学級内における自分のポジションが変化することにとても敏感なのだ。

　あわせて学級の支持的風土が醸成されていない場合、教師がほめることが「いじめ」につながることもある。教師がほめることが、他の子の妬みを引き出してしまうからだ。学級の共感性（他人の幸せを喜び、不幸を悲しむ感覚）が低い場合は、ほめるにしてもそれなりの留意が必要ということだ。

　「悪いことはみんなの前で叱り、よいことはみんなの前でほめる」というような通常の指導フレームは効果をあげにくい。

　そればかりか、ほめることが学級経営の正常化にとって、逆効果になる場合もあることを、教師は知っておくべきだ。

でき方を認める

　「むずかしい学級」では，これまで通りに「ほめる」ことにも，リスクが伴う。そこで，子ども個人にフィードバックをする方法をとるようにする。

　また，その際には，「よくやった！」「偉い」というような「よい・悪い」を伝える，結果へのフィードバックではなく，「でき方（できるようになった過程）」を認めるという方法をとる。この方が，他の子どもの妬みも引き出しにくいからである。

　例えば，子どもの忘れ物が減ってきたという場合，次のように子どもにフィードバックを行う。

　「どうして，最近忘れ物をしなくなったの？」

　「宿題のプリントって，必ず家に帰って見るから，そこにメモしたら忘れなくなりました」

　「そうなんだねえ。自分で解決方法を見つけて，それが成功するってうれしいでしょう？」

　「はい」

　「自分に合った方法って必ずあるから，これからも見つけられるといいね」

　この場面で，教師がしたことの核心は，よい結果について，それがなぜうまくいったのかを上手に質問したということだ。その上で，うまくいった理由を価値づけして，子どもにフィードバックした。

　もしも，教師が「忘れ物が少なくなって，えらいなあ」とほめたとしたらどうだろう。子どもは結果を出せたことに価値があると考えるだろう。

　そうした場合，結果を出せたときはよいが，出せなかったときは，自分のしたことには価値がないと考えてしまう。こうした関わりは，「努力することは大切」と言っておきながら，それを認めない指導となってしまう。

　だから，上記のようなフィードバックによって，結果を出すことが大切なのではなく，自分に合った方法を自分で見つけ，努力し続けるという「でき方」が大切なのだとメッセージを送るのだ。

point 9 子どものよいところを，早い時期に保護者に伝える

「よい印象フレーム」を持ってもらう

　保護者との関わり方のコツは，ただ一つ。まず，できるだけ早い時期に担任に対する「よい印象フレーム」を保護者に持ってもらうことだ。

　「よい印象フレーム」とは，簡単に言えば「この先生は，うちの子の『よいところ』を見てくれている」という感じ方のことである。早い段階で，これを持ってもらっている場合は，次のようなことが起こる。

◇子どものよい点を保護者に伝えた場合

・信頼できる先生が，ほめてくれているのだから，うちの子どもには確かに力がついていると感じる。だから，子どもをほめてあげたいと保護者は思う。

◇子どもの課題を伝えた場合

・基本的にうちの子のよいところを見てくれている先生が，子どもの課題を知らせてきたのだから，よほどのことであるに違いない。家でもしっかりと叱らなければ。

ところが，「よい印象フレーム」を持っていない場合は，次のようになる。

◇子どものよい点を保護者に伝えた場合

・「ほんとうか？」と疑い，子どもには「ちゃんとやりなさいよ」と伝え，むしろ「ほめる」効果を薄めてしまう。

◇子どもの課題を伝えた場合

・「先生は，うちの子の悪いところばかりを見ている」と感じ，むしろ子どもを守ろうとし，教師の伝えたこととは逆の事象を引き出そうとする。子どもに根掘り葉掘り状況を聞き出し，教師の不適切な指導を引き出そうとする。場合によってはクレームの原因となる。

早めに伝える

　教師なら，こうした現象の具体例を挙げることは簡単だろう。

　要するに，最初の印象が「その後の評価」へと影響するということだ。

　しかもこれには，よいことにはよりよく影響し，悪いことにはより悪く影響してしまうという特徴がある。

　つまり，先に「この先生は，うちの子の『よいところ』を見ていてくれているよい先生だ」という印象を持ってくれれば，基本的に1年間そう思い続けてくれる。

　一方，逆のことを先に思えば，「先生は，うちの子のよいところを見てくれていない悪い先生だ」と1年間思われ続けるというわけだ。

　もちろん，本当はよくない指導をしているのに，「よく思わせろ」と言っているのではない。教師が，誠実な姿勢で指導をしているのなら，それが子どもの成長に対して効果を生むよう，保護者対応にも配慮すべきだと言っているのだ。

　そのためには，教師はできるだけ早い時期に子どものよいところを保護者に伝えるべきだ。

　方法は簡単で，直接電話したり，子どもに手紙を渡したり，子どもの家庭学習ノートに子どものよい点を書いて，保護者に見せてもらうように子どもに頼んだりする。

　基本的なトーンとしては，「○○が嬉しかったです」という言い方をする。例えば，「今日，Aさんが給食をこぼして困っていたらしくて，私は気づいていなかったのですが，すぐにお子さんがぞうきんで床をきれいにしてくれたんです。Aさん，『とても助かった』と感謝していました。私も，気づいていないことだったので，とても助かりました」のように伝える。

　「よいお子さんですねえ」「○○をほめてあげてください」は，一般的には「上から目線でよくない」と言われる。しかし，教師の嬉しい気持ちがそうした表現になってしまった場合は，悪い意味では伝わらない。

point 10 気持ちに寄り添う

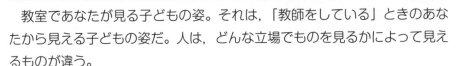

負の先入観は，行動への悪い解釈を生む

教室であなたが見る子どもの姿。それは，「教師をしている」ときのあなたから見える子どもの姿だ。人は，どんな立場でものを見るかによって見えるものが違う。

教師は，教師であるが故に基本的に子どもを評価しながら見ている。この子の行動は，学級の中でお手本になる行動なのか，それとも集団生活において指導すべき対象なのか，と。

そうした子どもの見方は，私たちの体に染みついて，なかなか拭えないものだ。

さらに，こうした見方から生まれた子どもに対する負の先入観は次のように働く。

その子がポジティブな行動をとったときには，気づかない，あるいは偶然だと考えてしまう。一方で，ネガティブな行動を見たときや，ネガティブな事象が学級で起きてしまったときには，「やっぱり」あるいは「あの子が原因ではないのか」と考えてしまう。

つまり，あなたのふだんから持っている子どもへの印象が，新たな場面や行動をどう解釈するかということにも影響するということだ。

こうした状況が続けば，あなたが「よい子」だと感じている子は，ますますあなたの中で「よい子」になり，そうでない子はますます「悪い子」になる。

もちろん，こうした見方は教師としてよいとらえ方ではないと，誰もが思う。しかし，それを改善して，子どもたちに対して悪い先入観を持たないということは，そうそう簡単なことではない。

たくさん「気持ち」を尋ねる

　子どもたちに対して悪い印象を持たないようにするコツは，その子の「気持ちに触れる」ことだ。

　子どもがとった行動を，あなたが受け容れがたいと感じたとき，それは「面倒なこと」ではなく，まずチャンスだと考えよう。

　行動だけ見ていれば，確かにそれは集団生活の上で許しがたいことかもしれない。そうした思いが強ければ強いほど，子どもに「気持ち」を尋ね，それに触れるような努力をしよう。そうすれば，子どもの言動の中にあなたにとって受け容れられる部分が見えてくる。

　例えば，忘れ物を繰り返す子がいたときは「忘れ物が続いているけれど，今，どんな気持ち？」と尋ねるのだ。

　「『どうしよう？』と思っています」

　「そうかそうか。それって先生に叱られるから？　それとも，勉強で困りそうだから？」

　「叱られそうだからです」

　「じゃあ，叱られなかったら平気？」

　「いえ，自分がダメだなって」

　この発言に対して，あなたはやはり教師として子どもを断罪しようと思うだろうか，それとも同じ人間として共感するだろうか。

　不適切な行動は，もちろん指導しなければならないが，子どもは自分の気持ちを理解してくれない教師の指導を受け容れることはない。

　だから，気持ちを尋ねるのだ。上のように，子どもの気持ちがわかれば，あなたはきっと子どもに共感できるに違いない。

　「そうか，そうか。自分がダメだって思うより，つらいことはないよな」

　「はい」

　「じゃ，一緒に何かよい方法を考えようか」と，きっとあなたは言えるはずだ。

point 11 ペースを合わせて，方針を語る

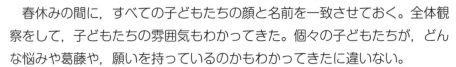

子どもは信用しにくく，不信感を持ちやすい

　春休みの間に，すべての子どもたちの顔と名前を一致させておく。全体観察をして，子どもたちの雰囲気もわかってきた。個々の子どもたちが，どんな悩みや葛藤や，願いを持っているのかもわかってきたに違いない。

　そこで，３日目，いよいよ担任としての教育方針を示す。

　ここで，よく理解しておかなければならないのは，「むずかしい学級」の子どもたちは教師を信用しにくく，不信感を持ちやすいということだ。

　子どもたちは，教師の些細なほころびを大きく取り上げて，不信感を持ち，その不信感を他の子どもたちと共有しようとする。

　それは，残念だがあっという間だ。

　こうした子どもたちの行動原理は，「先生を，今度こそ信じたい」という切ない願いの裏返しだろう。

　だから，子どもたちを裏切らないために，教師は最大の注意を払うべきだ。わざわざほころびが出やすい危険を避けることが大切なのだ。

　その危険のうち，最大のものは，教師がする約束である。

　「○○のような行為を，先生は許しません」

　「このルールは，絶対守ってもらいます」

　これらは，多くの教師が年度当初の教室で使う常套句だろう。

　「ふつうの学級」ならば，こうした教師の宣言も，約束も実効性があり，その通りにもなる。しかし，「むずかしい学級」では，「命を危険にさらす行為は絶対に許しません」「人の体を傷つけてはいけません」というような基本的なことさえ，残念だが守れない場合があるのだ。最も大切にすべき基本的な約束やルールが守られないのが，むずかしい学級なのだ。

子どもたちの「思い」をくみ取りながら話す

　絶対にしてはいけないのは，一方的に約束したり，守れそうもないことを宣言したりすることだ。「むずかしい学級」の子どもたちなら，教師がする安易な約束を「ウソだ」とすぐに見抜くはずだ。

　子どもたちに「今年の方針」を示すときも，同様だ。教師の一方的な「約束」を押しつけずに，次のように子どもたちの「思い」をくみながら話す。

　「先生の目を見てください。みんなが○年生の時，嫌なことがあったり，勉強しにくいなあと感じたりしたことがあったことは，わかりました。それでは，今年もその状態でいい，このままでいいと思っている人は手を挙げてください。……多くの人が，このままでは嫌だと思っているんだね。ありがとう，先生も同じ気持ちです。さて，手を挙げなかった人たちもいるね。その人たちも正直に意思表示してくれて，ありがとう。『そんなこと言ったって，できないよ』と思っているかもしれない。できなかったときのことが，怖いと考えているのかもしれないね。そういうことはあるよね。でも，その人たちもきっと楽しいクラスや安心なクラスが嫌ではないはずだよね？　急ぐ必要はないから，少しずつみんなが力を発揮できるクラスにしていけるといいね。嫌だなと感じていることも，少しずつみんなでなくしていけるといいね」

　こんなふうに子どもたちの「思い」をくむことで子どものペースに合わせ，同意を取りつけながら語るのがよい。

　現在の学級の状況がむずかしければむずかしいほど，教師は「みんなでがんばろう！」とか，「最高の学級にしよう！」と言ってしまいがちだ。

　そして，「そんなことできないよ」と思っていたり，心のエネルギーが枯渇していたりする子どもたちにも，それらを強く求め，やる気を持たせようとする。

　しかし，がんばろうという気が，今どうしても起きない子どもたちに対してそれを求め過ぎると，奮起するどころか，むしろその子どもたちはあなたの学級での居場所を失うことになる。

point 12 学級目標は「(仮)」にする

学級目標を創ることで，自治を実感させる

　そもそも学級目標は何のために創るのだろうか。学級目標を創らせて，子どもたちの行為が好ましくない方向に行きそうなときに，学級目標を指さして，教師が「何を目標にしていたんだ！」と注意するためだろうか。

　いや，違うはずだ。学級目標を創ることは，自分たちの生活を，自分たちでよくするための指標を，自分たちの手で創るという行為だ。つまり，自治的な生活を送ることの第一歩が，学級目標づくりなのだ。

　だから，学級目標を創るときに念頭に置かなければならないのは，学級での生活を「よくしよう」とする意欲を，すべての子が持てるように配慮するということだ。そのためには，一人ひとりの子どもを，学級をよくする「当事者」とするための方略が必要だ。次のようにする。

①学級生活で，「困っている」「不十分だ」「残念だ」と思っていることを子どもがたくさん出す。(付箋1枚につき1事項)

②4人1グループをつくる。画用紙の上に①で書いた付箋を出して思うことをたくさん話す。(「おしゃべりしてね」と言う)

③「クラスのよいところ」も，①②と同様にして出す。

④学級目標の文か，文がむずかしければ学級目標に入れたい単語でもよいので一人ひとり書き出す。

⑤先のグループで，一つの目標案を考える。(留意点：必ず全員の意見を取り入れながら案にすること)

⑥各グループの案を，学級全体で一つにまとめる。

学級目標によって，自分たちの生活をふり返る

　グループでまとめ上げた学級目標案を，黒板に掲示する。8グループあれば8案が並ぶ。これらを，簡単に選ばせてはいけない。

　「すべてのグループの意見が生かされるように，一つにまとめてください」と言う。ただし，時間は無限にはない。そこで，時間が迫ってきたら「多数決で決める」ということも，はじめに断っておく。

　そうして決まった学級目標は，教室に掲示する。しかし，手書きで簡単に模造紙に書き，さらに目標の文末に「（仮）」と書き入れる。

　子どもたちは，それを見てすぐに反応して「（仮）ってなんですか？」と尋ねてくる。そこで，「目標は，みんなの様子と合わなくなったら変える」と伝えるようにする。「どういうことか，わからない」という顔をするので，「1ヶ月たったら，この目標についてのふり返りをしてもらうよ。そして，もう守れているとか，むずかしすぎるというのなら変更が必要だよね」と伝える。そして，1ヶ月たったころ，次のような視点で子どもたちにふり返りを促す。

---

① 「学級目標（仮）」に対して，自分はその通り行動できたかどうか。
② 「できた」としたらなぜか？，「できなかった」としたらなぜか？，を考える。
③ "②"を交流する。
④ 「今後どうしていきたいか」を話し合う。
⑤ 「学級目標（仮）」は，学級にとって「そのまま」がいいか，「変えた方」がいいかを話し合う。

　学級目標が可変的でない場合，やがてそれは意識から遠のいてしまう。学級目標が，自治的な活動の「ツール」として機能しなくなるのだ。

　「（仮）」は，それを回避するための仕掛けになる。そうすることで，目標は，学級状況を子どもたち自身がモニターする指標になるのだ。

point 13 学級目標に下位目標を設定する

学級目標を創るだけでは意欲的になれない

　なぜ，子どもたちは学級目標に示された事柄について，意欲的に取り組まないのか考えてみよう。そもそも，学級目標を達成するために「何を」「どれくらい」がんばればよいのかを子どもたちは理解しているのだろうか。「けじめを大切に」「みんなで助け合って」「何事にも挑戦しよう」というような言葉の具体的な内容を，子どもたちは理解しているのだろうか。おそらく，そうした子どもたちは限られているのではないだろうか。

　子どもたちは意欲がないのではなく，目標に対して，何をどの程度努力すればよいのかを知らないだけかもしれない。目標とは，そもそも目的の下にあって，それを達成することで，最終的に目的を達成できるという具体的な指標のことだ。それなのに，何を，どれくらい努力すればよいのかがわからないのであれば，学級目標は目標として機能していないと言える。少なくない学級で，学級目標がただの「飾り」になってしまうのは，このためだろう。だから，学級目標が示すことに向け，子どもたちが努力するようになるには，まず示すことを具体的に明示することが，必要である。

　PBIS (Positive Behavioral Interventions and Supports：ポジティブな行動介入と支援）の実践的研究者である松山康成（2018）は，教室における「ステキな行動チャート」を子どもと相談してつくり，子どもの「ステキな行動」を教師や子どもが認め，行動へのフィードバックを行うことでポジティブな行動を増やすことができることを明らかにしている[6]。

　ここでは，それを参照しつつ，学級目標をつくる過程で，子どもたちに考えさせた「困っている」「不十分だ」「残念だ」ということ，及び「クラスのよいところ」をもとに，下位目標を明確にする方法を示す。

下位目標を示す

　子どもたちが学級目標をつくる過程で出し合った学級での「困っている」「不十分だ」「残念だ」を「克服できたらよいこと」，また「クラスのよいところ」を「続けられたらよいこと」と置換して，表に整理する。その際，どの行動が，どの学級目標の具体的内容になっているかを子どもとともに分類する。下のようになる（表中，最上段の３つは学級目標で下段は下位目標）。

学級目標	あいさつを大切にしよう（雰囲気のために）	けじめを大切にしよう（クラスのために）	助け合い・協力を大切にしよう（友だちのために）
朝	・みんなにおはようを言う。	・８時～８時15分の間に登校する。 ・朝，本を読んで待つ。	・遅れてきた人がいたら準備を手伝う。
休み時間	・担任以外の先生にもあいさつする。	・休み時間，ルールを守って遊ぶ。	・遊具をゆずり合い遊ぶ。 ・順番を守って遊ぶ。 ・男女関係なく遊ぶ。
給食時間	・「いただきます」「ごちそうさま」を，顔を上げて言う。	・給食のとき，静かに座って待つことができる。	・給食をこぼしたら，一緒に拭いてあげる。
授業	・授業のあいさつをはりのある声でする。	・１日に３回発表する。 ・姿勢を正して勉強をする。 ・話が終わるまで，相手を見る。 ・目を見て，先生の話を聴く。	・協力しながら，問題を解く。 ・困っている人がいたらすぐに手を貸す。
放課後	略	略	略

　このように，下位目標を整理して，教室に掲示する。これらは，掲示するだけではなく，月単位や週単位で重点目標を子どもたちと相談して設定し，ポジティブな行動を教師や子どもが認め合う取り組みへとつなげる。PBISでは，ポジティブな行動へのフィードバックにカードを活用している。次節にて，それをとりあげる。

point 14 下位目標を達成できる システムをつくる

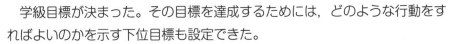

望ましい行動を引き出す

　学級目標が決まった。その目標を達成するためには，どのような行動をすればよいのかを示す下位目標も設定できた。

　これで，子どもたちのポジティブな行動が引き出されるかと言えば，そんなに簡単ではない。

　はじめのころは下位目標を教室に貼り出せば，それなりに子どもたちは意識して生活を送っている。しかし，その掲示物が色あせてくるのに比例して，子どもの意識も低下して，やがて忘れられてしまう。

　そこで，子どもたちのポジティブな行動を引き出すアプローチが必要となる。松山康成（2018）は，ステキな行動を認めるカードをつくり，それを教師が子どもに渡し，さらに，子ども同士で渡し合った上で，カードの数や渡される子どもの傾向などのデータをもとにフィードバックすることを提案している[6]。その手法のうち，「週目標を決めて，その行動をカウントする方法」を採用した実践例を，ここでは紹介する。

　まずは，前項で示した下位目標を子どもたちに示す。その上で，「この中で，今一番，学級で取り組んだ方がよいことは何ですか」と尋ねる。そして，多数決によって，１〜３つ程度に絞り込む。それを「週目標」にする。ここでは，何に決まるかは大きな問題ではない。自分たちが取り組むことを，自分たちの学級の状態に合わせて，主体的に選択するということが重要なのだ。

　決まった週目標を守っている人，また前向きに取り組もうとしている人には，縦・横４〜５㎝の教師が用意したカード（相手の名前，よい行動，渡した日，書いた人の名前が書き込める）を渡し，互いに励まし合って，ポジティブな行動を増やそうと呼びかける。

渡されるカードの偏りにどう対応するか

　カードはいつ書いて，渡してもよいとしながらも，1日の朝の会や帰りの会にも班全員（4～5名）にカードを書き，相手に渡しに行く時間も確保する。渡された方の子は，教室の決められた掲示板に，それらを掲示する。

　1週間たったら，誰が何枚渡されたかを集約し，教師は学級全体の集約結果を掲示によって周知する。ここで掲示するのは「渡された人：40人（全員）」「渡された枚数：220枚」というような内容になる。そして，渡された枚数の多かった子どもたちには賞状や賞賛を意味するカードなどを渡す。

　その上で，次のように子どもたちに語る。

　「賞状をもらった皆さん，ほんとうによく気をつけ，努力して生活をしていましたね。これから，皆さんはその行動をきっと習慣にして続けていけることと思います。……さて，このクラスには40人の人たちがいます。しかし，渡されたカードの数には，差があります。これって，どうなんでしょう？」

　子どもたちからは，「学級目標を守れたとは言えない」「もう少しもらえるカードを増やせそう」というような声が上がる。

　「そうして高い目標を持ってがんばろうとすることはすばらしいことです。では，カードをあまりもらえていない人，つまりカードが少ない人ががんばればいいんですね？」

　このように問いかけると，子どもたちは「あれ？」という顔になる。しばらく，全員の顔を眺めていると，子どもたちは自分から声を上げる。

　「もしかしたら，ぼくたちが見ていないだけかもしれません」

　「なるほど，『友だちをよく見るようにする』ということですね。それはいいアイディアですね。他に，カードをもらえる人を増やしたり，今までもらえなかった人たちがもらえたりする方法はないですか」と尋ねる。

　すると，「見てあげる以外にも，できていない人には私たちが声をかける」というような意見が出る。それらをすべて書き出し，「これらを試して，来週の結果を見てみようね」と話す。

point 15　教室で学ぶ目的を確認する

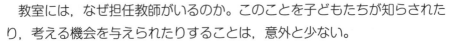

教師の役割を語る

　教室には，なぜ担任教師がいるのか。このことを子どもたちが知らされたり，考える機会を与えられたりすることは，意外と少ない。

　ときに，教師がほめてくれたり，叱ったりするが，それがいったい何のためなのか，子どもたちは実はよくわかっていない。だから，教師が子どもを叱るとき，子どもはしばしば教師が感情的に「怒（いか）っただけ」としか思わない。また，困った状況が起きても，教師に相談しないということも，ときに起きてしまう。

　だから，なぜ担任教師が教室にいて，ほめたり叱ったりするのかを，子どもたちに，まず語って聞かせる必要がある。例えば，次のようにする。

　「私が，この教室にいるのは，君たちが大人になったときに幸せになるお手伝いをするためです。だから，生活する上でわからないことは教えてあげたり，一緒に考えたりします。また，このままでは幸せになれないなあという言葉や行動は叱るし，このまま続けて欲しいことはほめます」

　一方，教師の側も自分の存在意義をよくわかっていない，または忘れてしまうことがある。子どもを幸せにするという目的を忘れて，ただ感情的に怒ることもあるし，「周囲の子の手前」叱らなければならないとだけ思っていたりすることもある。こうした考えの教師が，子どもを正しく導けることはないし，子どもと心を通じ合わせるということも，恐らくないはずだ。

　そこで，担任教師が教室にいる意味を，自ら語る。これによって，教師自身のマインドセットを補強することにもなるだろう。また，教師は「何をやっているんだ！　ダメだろう」ではなく，「そういうのを続けていくと，先生は心配だよ」と言えるようにもなるのだ。

みんなで学ぶ意味に気づかせる

　教師がいったい何のために教室にいるのかが，知らされたり，考える機会を与えられたりしないのと同様に，子どもたちは集団で学ぶ意味を知らされたり，考えたりする機会を与えられていない。

　「何のために」か気づいていないとき，人は，不平や不満ばかりを言う。なんの効果も語られずに，飲みにくい薬を飲まされるとき，人は「苦いから，嫌だ」と簡単に言ってしまい，ときには飲むのをやめてしまいさえする。それとよく似ている。

　そこで，年度のはじめに集団で学ぶ意味を，子どもたちに考えてもらう。

　「どうして，学級っていうものがあるの？　一人で勉強してもいいんじゃない？」と尋ねてみるとよい。子どもたちからは，様々な意見が出る。

　「みんなで，遊ぶのが楽しいから」「集団生活に慣れるため」

　「みんなで勉強した方が，色々な意見が出る」

　こうした意見が出てきたら，「でもね，一人で遊ぶのが好きな人もいるなら，一人でインターネットを使って勉強してもいいんじゃない？」と言う。

　これに対して，子どもたちは次のような反論を試みる。

　「大人になって，仕事をしたら色んな人がいて，みんなと協力しながら仕事をするから，その練習でもあると思う」

　「大人になって，『人に合わせる』こともできないと，困ると思う」

　こうした意見を黙って聞いたあと，「なるほどなあ，そうすると色んな人がいた方がいいってこと？　でも，やっぱり苦手な人と先生は関わりたくないから，一人がいいなあ」と言ってみる。

　そうすると，子どもたちは懸命に反論してくる。「大人なのに，ダメ」というような意見もあれば，「苦手な人はどこにでもいるから，やっぱり関われた方がいい」というような意見もある。

　こうした中から，「楽しい！」「クラスは大人になったときの練習」「色々な人と関わる」というようなキーワードを拾い，板書することで，強調する。

point 16 選択しながら，問題を改善する力をつける

「むずかしい学級」の敏感さに対応する

p.23で例示したように，「教師に伝えたいこと」を子どもたちに書いてもらったとする。

もちろん，書かれたことをそのままにしてはいけない。しかし，書かせた事柄へのレスポンスの仕方はむずかしい。

例えば，前学年での不満が書かれていたり，現在も嫌な思いをしていると訴えたりしているものもあるだろう。だからといって，無頓着にその子たちだけを呼んで，話をするのはまずい。

ある子どもたちは，呼ばれた子どもたちに嫉妬するだろうし，またある子どもたちは呼ばれた子どもを疎外したり，警戒したりするかもしれない。

クラス編成したばかりの学級なら，まだ学級全体の親和性が低いから，こうしたことをきっかけに旧学級のグループ間の対立が起きる可能性もある。

「むずかしい学級」の子どもたちは教師のことに興味がないそぶりをするが，実のところとても高い関心を持っている。子どもたちに何かを書かせたからといって，すぐに一部の子どもだけを呼んで面談をしない方がいい。

あくまで，この段階での対応は，全員に，公平にすることが大切だ。

「これから隙間の時間や休み時間を使いながら，全員と話したいと思います。順番は，そのとき教室にいる人を呼んで行くので，ランダムです。なかなか呼ばれない人も出てきますが，必ず希望した人とは全員話をしますから，心配しないでください。もちろん，すぐに話したい人がいたら，先生に言ってくれれば優先します」と説明する。

こう伝えておけば，深刻な事柄を書いた子を先に呼んでも，不自然さは最小限に抑えられる。

「どうするか」は，選択してもらう

　深刻なことを書いている子はできるだけ，早期に面談を行う。また，子どもが提出した紙については，返却しない。返事が必要な場合は，別紙に書き封筒に入れて，封をする。その上で，「家で読んでね」と伝える。

　万が一，返却されたものを落とす子がいて，他の子どもの目に触れると大事になるからだ。

　さて，面談をするときには，話しやすい静かな場所を選ぶ。ただし，人権に触れるような話題や，異性の教師をひどく嫌がるような子どもの場合には，他職員に同席してもらう（本人の了承を得る）。

　また，一対一が苦手な子の場合は，他の子どもに同席してもらってもよい（これらについては，事前に全体の場で伝えておく）。つまり，その子の心的な負担を最小限にする環境を選ばせてあげるわけだ。

　深刻な状況を抱えている子が，心理的に苦しい状況にあるのは当然のことであるし，話しにくいのも当然だ。そこに対する十分な配慮をしてあげることが，問題解決の第一歩である。

　深刻なことを書いてきている子に対しては，まず「もう少し詳しく教えてくれる？」と事実を確認していく。次に，「それは，とても悲しかったでしょう？」「それは，腹が立ったでしょう？」というように，子どもの心情を確かめる言葉をかける。最後に，本人の意向を確認する。「今すぐに解決したい」「先生に話を聞いてもらえれば大丈夫」などである。

　もちろん，心身に重大な影響が出そうな場合は「やはり，それは大人が協力して解決した方がいい」と伝え，即介入する。しかし，基本的には当人の意向をできるだけ尊重する。子どもが解決したいと考えている場合は，「先生に手伝えることはあるかい？」とサポートを申し出た上で，子どもが自分の気持ちを伝えられるように促す。問題を解決することを通して，子どもが自分で人間関係を改善できる力を身につけるようにサポートするのだ。

point 17 段階的な日直活動ビルドアップ

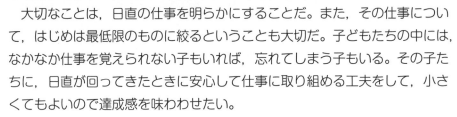

調節可能な支援で失敗させない

　大切なことは，日直の仕事を明らかにすることだ。また，その仕事について，はじめは最低限のものに絞るということも大切だ。子どもたちの中には，なかなか仕事を覚えられない子もいれば，忘れてしまう子もいる。その子たちに，日直が回ってきたときに安心して仕事に取り組める工夫をして，小さくてもよいので達成感を味わわせたい。

　特に，学級経営初期の段階では，できるだけ失敗させずに学級内の仕事に取り組ませた方がいい。そのことが，次の挑戦意欲を生むからだ。

　はじめは，朝の会の司会，毎時間の号令，帰りの会の司会くらいでいい。

　３つの仕事を「日直の仕事」として画用紙などに書いて，掲示板に掲げておく。それぞれの仕事に，簡単なイラストがついているとさらにいい。文字を読むのが苦手な子にも内容がわかる。また，朝の会や帰りの会の進行については，日直から見える位置にシナリオを掲げておく。ごく簡単でよいが，シナリオには実際に日直が話すとおりの言葉が書いてあるとよい。そのシナリオを示しながら，教師が２，３日，朝の会や帰りの会の進行，及び号令などをやってみせる。文字を読んだだけでは日直のタスクがイメージできない子も，実際にやって見せてもらえると理解しやすい。また，貼ってあるシナリオについて，その通りにやらなければならないと強く思いすぎる子もいるので，「プログラムの順番さえ合っていれば，せりふは少しくらい違ってもいい」と伝えておく。あわせて，「一人で仕事をすることが心配な人は，友だちと二人でやってもいいですよ。自信が持てたら，最終的には一人でやれるといいね」とも話しておく。

　様々な支援はすべて，子ども自身による調節が可能だということだ。

方針を示してグレードアップする

　日直は，最低限のタスクからはじめる。しかし，日直が全員に回ったら，そこから日直の仕事についてグレードアップするように，子どもたちに促してみる。

　「日直に，まだ他にやってもらいたい仕事はあるかな？」でもいいし，「朝の会や帰りの会に，付け足したいプログラムはあるかな？」でもよい。

　しかし，無条件に尋ねるのは危険であるし，子どもの発言は無軌道にもなる。そこで，「なんのために日直の仕事を増やすのか」を子どもたちに話す必要がある。例えば，「日直というのは，その日，代表してみんなのために仕事をする人だよね。みんなのために仕事をすることの大切さをもっと知ってもらいたいから，日直の仕事を一つ増やしたいと思うんだけど……」と話せば，子どもたちは2つのことを知ることになる。

　一つ目は，日直という仕事が公共性（みんなのための大切な仕事を担っている）を持っているということ。もう一つは，そうした仕事を教師は大切な仕事だと考えているということである。

　教師は，学級の方向性を事あるごとに繰り返し，示す必要がある。そうすることで，子どもたちが「自分たちの学級が向かう先」を意識できるからだ。

　こうした小さな一つのこと（この場合，日直の仕事を増やすこと）を決める場合にも，一貫した学級の方向性があるということを，体験的に，暗示的に担任は示す必要がある。

　学級目標が既に決まっているのなら，その学級目標に沿う仕事を選ぶように子どもたちに投げかければよい。例えば，「安心して生活できるクラス」のような文言だとすれば，みんなが「安心して生活できるための仕事」を日直に与えればよいということになる。

　もしも，学級目標がまだ決まっていない場合は，増やす日直の仕事を一つ選ぶときに，「どんな仕事を，どんな基準で選べばいいのだろうね」と，それとなく学級目標作成につながるような投げかけをするのもいい。

初期の当番活動 ビルドアップ─給食編─

安易に子どもに任せない

「子どもの自主性を尊重しましょう」

「子どもたちが，工夫を凝らせる場面をつくりましょう」

確かに，こうした言葉はとても教育的で，聞き心地がよい。しかし，「むずかしい学級」では，そうした教育理念に振り回されてはいけない。

例えば，給食当番を一旦子どもに任せてみるとしよう。「前の学級でのやり方を見たいので，前のやり方でやってみてください」と言ったとする。

そもそも前の学級が複数ある場合は混乱することが予想される。たとえ1学年単学級だとしても，その学級でルールが徹底されていなかったらどうだろう。「これでいいんだよ」「いや，そうじゃなかったよ」と混乱するだろう。

そんな中，盛り付けられた給食の量がばらばらだったりすると，目も当てられない。もう一度，盛り付けをやり直さなくてはならない。中には「なんでだよ」「めんどくせえ」などと暴言を吐く子も出てくる。

また，「むずかしい学級」には，「むずかしい保護者」も少なくない。SNSで新学期早々「今日の給食の時間，ひどかったみたいだよ」「うちの子はデザートがほとんどなくて，文句を言っていた」というありがたくない交流が盛んに行われることになるかもしれない。

当番活動の中でも，給食当番は子どもたちの「食欲」という子どもにとって大事な欲求に関わるので，慎重にそのシステムを導入すべきである。ちょっとしたミスが大きな問題になることが，少なくないからだ。

また，「むずかしい学級」では給食のシステムが成立していないことが多い。前学年ではうまくいっていなかったと想定すべきで，特に学級経営の初期段階では，教師がはじめから給食当番のやり方を導入した方がいい。

給食準備を混乱なく行う

　以下の通りにやることが大切なのではなく，以下の項目について想定しておくということが大切である。

- ・給食当番は，身支度をする。
- ・身支度をしながら，役割の分担表を見て，自分の役割を確認する。
- ・給食当番は，一番早く教室を出て手洗いに行く。（手洗い場が混むため）
- ・給食当番が教室を出ると，すぐに他の子どもたちも教室を出る。
- ・給食当番が戻ってきたら，配膳台，食缶の蓋などを開け，盛り付けの準備をする。
- ・分量がはっきりしないものは，「お玉１杯分」「スプーンで２杯分」などと教師が指示する。（「みかんゼリーお玉１杯」などと紙に書いて貼っておくと，今後も活用できる）
- ・給食を取りにくる子（あるいは配膳する子）の動線を決めておく。
- ・役割を終えた子どもたちの行動を決めておく。
- ・ゴミ袋のセットやストロー配付なども，役割をはっきりさせ，誰がすることなのかを明確にする。
- ・全員の給食が準備できたら，片づけやすいように食器かごやバットなどを整頓して，置くように指示をする。
- ・「『どうしても分量がおかしい』という人は，持っておいで」と言い，確認して，量がおかしければ，教師が増やしたり減らしたりする。
- ・「いただきます」のあと，10分後に「１回目のおかわり」，15分後に「２回目のおかわり」をすることを先に告げる。
- ・「ごちそうさま」のあとは，「全部食べた人」「１品だけ残した人」「２品残した人」の順番で片づけさせ，その様子を教師は最後まで観察する。

　１回目は，一つひとつを指示して，全員にやり方を指導していく。

　また，やり方は画用紙などに書き１ヶ月程度掲示しておく。基本的には，指示通りできた子どもをほめながら徹底していく。

初期の当番活動
ビルドアップ―掃除編―

まず，仕事量を減らす

　掃除当番のやり方は，給食当番以上に丁寧に指導する。それは，恐らく子どもたちが正しい掃除の仕方を知らないと考えられるからだ。

　それまでも掃除当番活動は行ってきている。しかし，正しくはしていない。正しくしていないから，教師に指導される。指導されると気分が悪いから，いっそう子どもたちはいいかげんにしか掃除をしないという悪循環に陥っていたはずだ。

　そこで，正しいやり方を改めて導入するということが必要なのだ。

　まず，人数をどうするか。人数は，昨年までの人数と同じか，やや多めにする。人数が多いので懸命に仕事をしないという子どもが出てくるといった，社会的手抜きが起きるのではないかという心配はあるだろう。また，学年が上がるのだから，人数はむしろ減らした方がいいという考え方もあるだろう。

　しかし，「むずかしい学級」の子どもたちはそもそも掃除が好きではないのだ。その子どもたちに，仕事量で負荷をかければ以前と同様の結果や，むしろよくない状況を生み出すに違いない。そこで，人数を増やし，一人ひとりの仕事量は減らす。そして仕事を明確にする。つまり，一人ひとりの仕事の内容と量は明確であるので，むしろ「社会的手抜き」が起きにくいのだ。

　また，こうすると子どもたちは活動のはじめと終わりがはっきりする。「ＡとＢとＣという作業を終えれば，私の当番活動は終わるのだ」と思えば，多くの子どもたちは，当番活動に対して意欲的になる。また，人数が増えた分，仕事量が減っているので，早く仕事を終えられるという見通しも持つことができる。

仕事内容を明確にする

　例えば，Ａ，Ｂ，Ｃ，Ｄ，Ｅ，Ｆという6人のグループで清掃活動を行うとする。

　最初に，教師が想定しなくてはいけないことは，次のことである。

　「清掃活動のすべてのタスクは何か」「それに何人必要か」「仕事の順番（時系列）はどうすれば無駄がないか」これを，表にまとめる。重要なことは，時系列に仕事を並べるときに仕事と仕事の隙間が空かないことだ。子どもたちが落ち着いてきたら，隙間時間に他の子どもの仕事を手伝うということも身につけさせたい。また，自分の得意なタスクを選択することも可能にしたい。しかし，初期段階では他の子の仕事を妨害するといった状況が起きないような環境を整える。

A	B	C	D	E	F
床拭き用水くみ	机拭き用水くみ	教室床はき	教室床はき	廊下床はき	黒板に黒板けしをかける
廊下床拭き掃除	教室床拭き掃除	↓	↓	教室床はき	黒板をから拭きする
教室床拭き掃除	教室机上拭き掃除	机・椅子移動	机・椅子移動	↓	チョーク受けを拭く
教室棚拭き掃除	↓	↓	↓	ちりとり	チョークの粉を捨てる
床拭き用水捨て	机拭き用水捨て	ゴミ箱のゴミ捨て	ゴミ箱のゴミ捨て	掃除用具箱整理	黒板けしクリーナーをかける
仕事が終わっていない人のことを手伝う					

　上記のようにすべての仕事とそれをする順番を教師が想定し，この表をそのまま教室に貼り出す。その上で，やって見せて仕事の仕方を確認する。

子どもたちに仕事を発見させる

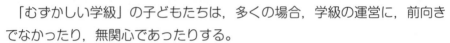

「むずかしい学級」の子どもたちは，多くの場合，学級の運営に，前向きでなかったり，無関心であったりする。

学級を運営するための「教室の仕事をすること」についても同様である。なぜかと言えば，それは端的に言うと，「教室の様々な仕事をすること」の自由度が低いからである。

「号令をかける」「時間ごとに，黒板をきれいにする」「生き物にえさをあげる」などの仕事の多くは，はじめから教師に提案されたり，命じられたりしたことだ。そこには，「しなくてはならないこと」が多くあり，自分で気づいたり，つくったり，選択したりすることが少なかったはずだ。

こうした状況に，「むずかしい学級」の子どもたちはうんざりしている。はじめは，「どうしてもやらなくてはいけないんですか？」と言い，教師に慣れてくると「めんどう！」などと平気で言うようになる。今までの「負の学習」の積み重ねが，そうした言動を引き起こしてしまうのだ。

大切なことは，子どもたちにはじめから，主体的に「教室の仕事」に関わってもらうということである。主体的に関わってもらうとは，「①自分たちで仕事を発見する」「②その中から，自分がすることを自分で選択する」ということである。

まず，「日直の仕事でもなく，当番の仕事でもないことだけれど，誰かがしないと毎日の生活がスムーズに進まないというようなことはないですか」と尋ねる。そして，子どもたちに「照明のスイッチ」「窓の開閉」「当番札を変える」などと発表してもらう。こうして，教室の円滑な運営のための様々な仕事を自分たちで発見できるようにしていくのだ。

子どもたちが仕事を選択する

　子どもたちに仕事を発表してもらい，それらを黒板などにすべて提示する。その仕事が，子どもたちの人数よりも多ければ，2日に1回すればいいものを組み合わせたり，気がついた人がすればいい仕事を削除したりする。また，人数よりも少ない場合は，どうすればよいのかを子どもたちと相談することにする。そのままでいいとする場合もあるし，人数分の仕事を発見して，一人一役が当たるようにしようと，子どもたちが言うこともある。これらは，子どもたちが目指したい学級像にそって決められるとよい。

　さて，ここでは全員分の仕事を子どもたちが発見して，つくり出したと想定して，話を進めよう。

　私の場合，1ヶ月程度の期間を使って，すべての仕事を全員が体験する試行期間を設ける。

　例えば，30人の学級であれば，「30日後に，正式に『教室の仕事』の担当を決めます。それまでは，毎日仕事を変えていき，すべての仕事を全員に体験してもらいます。そのことでねらっていることは2つです。一つは，すべての仕事の内容ややり方を全員が理解できるということ。もう一つは，すべての仕事の内容を知ることで，誰の仕事がどれくらいたいへんなのかを知ることができるということです。この教室のどの仕事が，どの程度たいへんかを知っていれば，手伝うこともできそうだよね」と子どもたちに話す。

　このような話をした上で，全員に仕事を体験してもらい，自分で仕事を選んでもらう。希望を最大限尊重できるようにするが，希望が重複した場合は，子どもたちにどうするかを決めてもらう。

　例えば，1人に絞った方がいいという選択を子どもがする場合もあるし，1日おきに2人が仕事をすると決める学級もあるかもしれない。いずれにしても，大切なことは自分たちで決めるということである。

　自分で選び，自分たちで仕組みを決めたのだから，自分たちで最後までやり抜くのだという意志が持てるのだ。

失敗したときの
対処を教える

全員への指導によって，均一な対応を担保する

　例えば，忘れ物をしたことを告げにきた子どもがいたとする。

　「先生，社会の教科書を忘れてきました」と言ったとする。

　こんなとき，どんな言葉を子どもにかけるだろうか。

　「いけないですね」だろうか，それとも「今後は忘れないようにしなさい
よ」だろうか。

　ここで，まず子どもに教えなければいけないのは，次のようなことだ。

①事実　「○○を忘れました」
②謝罪　「すみませんでした」
③決意　「次は，忘れないようにします」
④対処　「今日は，となりの人に見せてもらいます」

　また，こうしたことは，当人に指導するだけでは足りない。教室のすべて
の子どもたちに伝える必要がある。

　なぜなら，こうしたことを全員に伝えなければ，教師はその都度子どもに
一から説明しなければならない。それが続けば，教師はイライラをつのらせ
る。こうした状況は最初に対応した子どもと，最後に対応した子どもへのテ
ンションを微妙に変える。例えば，最初は「気をつけなさい」としか言わな
かったのに，最後にはかなり厳しく叱った，というように。

　こうしたことから学級の状況が悪くなったり，個々の子どもとの関係にひ
びが入ったりすることは少なくない。まずは，指示を全体に伝え，均一な対
応を担保するようにする。

原因を探り，方法を共に考える

　先に書いたことを実践することは，子どもたちに「失敗したときに，どのように報告をするか」を教えることになる。これは子どもたちが今後様々な環境で生活していくときに役立つこととなるはずである。

　一方で，このことは失敗に対するフォローにはなっているものの，失敗そのものの原因を取り除くことにはなっていない。

　そこで，失敗の原因を取り除くアプローチが必要となる。

　ここでも同じく忘れ物をしたときのことを，例にして考えてみよう。

　「社会の教科書を忘れてきました。すみませんでした……」

　「そうか，報告してくれてありがとう。ところで，どんなふうに勉強道具は準備しているの？」

　「夜，寝る前に準備しています」

　「そっかあ。前の日にするのはいいね。そうすると，どうして今回は忘れてしまったの？」

　「……」

　「わからなさそうだね。そうすると，どうしたら忘れなさそう？　何かできそうなことはある？」

　「朝，もう一回調べたら，いい気がします」

　「そっか，そっか。じゃあ，明日はそうしてみて。それで，忘れなかったら，必ず先生に教えてね」

　「はい」

　およそ，こんな感じで対応し，子ども自身が解決方法を考えられるようにする。

　もしも，これを「どうして忘れたんだ？　次からは○○しなさい」のようにアドバイスしてしまうと，この「忘れ物問題」は，教師の問題になってしまう。忘れ物をして不利益を被るのは，本来子どもなのだから，子どもがその解決策を考え，自分の課題を解決する力をつけられるのが望ましいのだ。

point 22 教室環境を再点検する

1週間目に修正すべき点

　さて，1週間がたった。いわゆる教室環境に関わる状況はどうだろうか。以下のチェック表を見ながら，確認してみよう。

□子どもたちの靴は，きれいに入れられている。

□子どもたちの鞄は，棚にきれいに収められている。

□子どもたちの机は，子どもたちの手によってきれいに並んでいる。

□落とし物が少ない。

□学級文庫は，きれいに並んでいる。

□黒板はきれいに拭かれていて，チョーク受けもきれいだ。

□掲示物は，子どもたち自身の手で貼ることが可能で整っている。

□提出物は，どこに出せばよいのかが明確で，整えられている。

□その日の予定は，わかりやすく示されている。

□子どもたちの机の中は，整頓されている。

□コートかけの衣類は整っている。

□学習した経過や重要点は整理されて掲示されている。

□日直の仕事，当番活動など，教室における一人ひとりの役割はわかりやすく掲示されている。

□掃除用具入れの中は，きれいに整頓されている。

□ぞうきんを干す場所は，決まっていて整然と干されている。

□忘れ物をした子どもが使うグッズは，きれいに整頓されている。

□落ちているゴミが少ない。

　学級開き前に，どれだけ教室環境を整えたとしても，どこかに使いづらい点，そしてほころびは現れるものである。

環境の荒れをチャンスに変える

　一般に教室環境に荒れが見え始めると，学級が荒れてきていると言われる。もちろん，これに異論はない。子どもたちにとって，学級のことがどうでもよいことになってきているのだ。無関心になってきていたり，アナーキーになってきたりしている証拠と言ってよいだろう。しかし，教室環境が荒れ，学級が荒れてきているという状況を教師一人で解決しようとするのは間違いだ。

　教室で生活している主体者は，結局のところ子どもたちである。だから，子どもたちに直接働きかけ，子どもたちの手によって生活を改善できるように，本来はしなければならない。それを，教師だけの手で行おうとするのは，ベンチの中で懸命に自分がトレーニングして，チームを勝たせようとする野球の監督のようだ。

　では，どうすればよいのか。教師が教室環境に課題を感じたら，子どもに尋ねてみる。「最近，掃除の用具が決められた場所に吊り下げられていなくて，下に落ちていることが多いんだけど，何かよいアイディアはありませんか？」のように。もちろん，「気をつける」というような考えも出されるだろうが，中には「色が同じテープを用具とフックの両方に貼る」というようなアイディアも出される。

　子どもを主体者にする方法は，とてもシンプルだ。教室における問題の答えを，まずは子どもに尋ねるということだ。

23 教師自身の癖を
チェックする

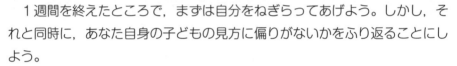

子どもへの認知の有り様が大切だ

　1週間を終えたところで，まずは自分をねぎらってあげよう。しかし，それと同時に，あなた自身の子どもの見方に偏りがないかをふり返ることにしよう。

　学級経営がうまくいかないことを，教師は自分の外側にあると思い込む。「あの子たちだからたいへんなのは仕方がない」「ずっと，荒れていた学年だから仕方がない」と。

　しかし，教師が発する何かしらの「空気」が学級の雰囲気をつくっていることは間違いない。また，それが子どもたちによくも悪くも影響を与えることは，教師であれば誰も否定できないだろう。

　三島美砂・宇野宏幸（2004）は，教師の指導が学級の雰囲気に与える影響について「学級の雰囲気に対し多大な影響を示したのは〔受容・親近〕であった。したがって教師にとって，この時期は受容的で親近感を抱かせる対応を示し，児童と良い人間関係を築くことが重要なのであろう」と，学級経営初期における教師の関わり方の重要点について指摘している[7]。

　ところでこの，教師の〔受容・親近〕という部分を，子どもは教師の何から感じているのだろう。それはおそらく，教師が醸し出す日常の雰囲気や，指導言の言葉選び，語調から，感じ取っているに違いない。

　さらに，教師が子どもたち一人ひとりを，「どのような子」として見ているかによって，教師の醸し出す雰囲気は変わる。つまり，その子への認知の有り様が「外に染み出ている」のだ。

　その子のことを好意的に受け止めていれば，言葉や態度は自然と柔らかなものになる。その逆は，言うまでもない。

子どもへの認知の有り様を見えるようにする

　では，自分が子どもたち一人ひとりを「どのような子」として認知しているかを，教師はどのように知ることができるだろうか。無意識のうちに持ってしまっているその子への認知を可視化することができれば，子どもとの関係やその子に接する態度を，教師は自分で修正することができる。

　ここでは，近藤邦夫（1995）が提案した「教師用 RCRT」という手法を紹介する[8]。この手法は，自分の学級の子どもたちの名前を出席簿や座席表によらずに，思い浮かぶ順に書き出し，「落ち着きがない―落ち着きがある」「なかなか指示に従えない―素早く従える」「はじめに思い浮かんだ4名―あとの4名」「教師のことを理解してくれると思う2名―理解してくれない2名」「似ている4名」などの指標に該当する子どもの名前を書いていくというものである。

　指標ごとに名前を書き出していき，その指標によってピックアップされる子どもたちの特徴を書き出していけば，自分がどのような基準で子どもたちを見つめていて，それにどのような癖や偏りがあるかがわかる。

　また，思い浮かんだ順に並べた子どもたちの名前を，単に見るだけでも，多くのことに気づくことができるだろう。

　それは，例えば「非常に努力しているのに，自分が注目していない子」の存在である。

　「むずかしい学級」では，最も努力し，学級に貢献している子どもたちが，意外と教師からのフィードバックをもらっていないということが，よくある。

　「困っている子」に注目するあまり，「様子見の子」の意欲が低くなったり，「よい子」が無関心になったりすることがあるのを，私は前著で，横藤雅人氏の考えを引いて指摘したところだ[9]。

　こうした状況に陥らないためにも，自分が子どもたち一人ひとりを「どのような子」として認知しているかを知ることは大切なのだ。

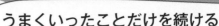

うまくいったことだけを続ける

　あなたが初任者ではないのならば，あなたには過去の成功体験があるはずだ。

　あなたは，過去にうまくいった方法を繰り返そうとすることだろう。

　子どもたちに日記を書かせよう。

　毎日学級通信を発行しよう。

　授業は，子どもたちの興味・関心をひく教材をたくさん用意しよう。

　自分が，この「むずかしい学級」をなんとかするんだ。

　そんな気持ちで子どもたちの前に立つことだろう。

　もちろん，それは正しい考え方だ。また，「むずかしい学級」に，今まで成功した様々な方法を試すことはとてもよいことだ。

　しかし，気をつけるべきことがある。

　はじめから，「1年間，これを続けます」と子どもには言わないこと。

　つまり，効果がないことを，続けないということだ。

　過去にうまくいったからというだけで，効果がないのに長い期間何かをやり続けることは，教師にとっても子どもにとっても，苦しいことだ。

　過去にうまくいった方法は，その子たちだから，そのときのあなただからうまくいったのかもしれない。

　今，目の前にいるのは「むずかしい学級」の「むずかしい子どもたち」だ。

　「むずかしい学級」では2週間ほどのサイクルで何かに取り組み，うまくいかなかったらすぐ止めよう。

　そして，うまくいったことだけをやり続けよう。

　それが，たとえ小さな一つの「成功」でもよいのだ。

　もしも，大きな改善に導く方法や特効薬のようなものが簡単に見つかるのなら，今までの先生方が，とうにその学級を立て直しているはずなのだ。

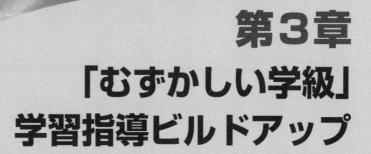

第3章
「むずかしい学級」
学習指導ビルドアップ

学びのユニバーサルデザイン

学習に見通しを持つ

「むずかしい学級の子どもたちは，そもそもやる気がないのだから学習に向いていないのだ」と，多くの教師は考えるかも知れない。

確かに，むずかしい学級の子どもたちと日々格闘している教師がそう思ってしまうのは，仕方がない。どんなに教育に希望を持とうとしても，それを覆すのに十分な出来事が教室では繰り返されるからだ。

しかし，結論を言えば，それでもなお「子どもたちを学習に向かわせるのは不可能だ」と考えるのは間違っている。もしも，そう考えるのなら，「むずかしい子どもたち」が，担任が替わった途端に学習に向き合うようになったというようなとき，それをどう説明すればよいだろう。

子どもたちが学習に向かわないのは，学習に対しての無力感を繰り返し学んでしまったからだ。

「私は，がんばってもダメな人だ」「また，失敗してしまった」を繰り返してきたのだ。逆に言えば，学習に取り組み「自分でも，できそうだ」とか「自分にも，できた」と感じることができれば，子どもたちは少しずつだが学習に向かう。

もちろん，それはすぐにできることではない。しかし，学習でひどく傷ついた子どもたちの回復は，学習で感じる喜びでしか実現できない。

本章では，第1章で紹介したUDL（学びのユニバーサルデザイン）の考え方を参照して，私が実際に行った学習指導の例を紹介する。「むずかしい学級」の子どもたちが，「自分もできる」と考えるまでに回復するヒントになればと思う。

1 まず教師が見通しを持つ

　子どもたちに出会う前に，教師が学習指導に関わってすべきことの一つは，当然のことながら，教科書に目を通すということだ。これによって，１年を通して，各教科にどのような単元があり，それぞれの単元で何を学び，それらがどのように関連し合っているのかを，理解することができる。

　さらに，この理解によって，「知識及び技能」と「思考力，判断力，表現力等」との往還を，計画的に行うことが可能になる。

　もちろん，すべての教科の教科書にくまなく目を通すことはコストのかかることだ。しかし，子どもたちが見通しを持って学習に取り組めるようにしたければ，まずは教師自身が見通しを持つのは当然のことだ。

　具体的には次のように行う。

---

①自分が，この１年「軸」にする教科を決めて，まずその教科の教科書に目を通す。「軸」となる教科は，自分の専門教科でもいいし，その年，学校で研究する教科でもいい。

②例えば，国語科を「軸」の教科にしたとする。まず，国語科の「書くこと」に注目して，単元を見ていく。「引用する」「報告する」「グラフや表を活用する」というような，その領域の中心的学習事項と単元の順番を確認する。

③単元の間で似た部分→前単元の既習内容を活用することができると考える。繰り返し学習するわけだから，「知識及び技能」をいっそう定着させることができるととらえる。

④違う部分→新規に教えなければならない内容だととらえる。

⑤他教科の教科書を読み，「引用する」「報告する」「グラフや表を活用する」が，活用できる単元や教育活動はないかを意識して読む。（例：「グラフや表を活用する」→理科の実験レポート作成時に活用）

---

2 なぜ学ぶかを意識できるようにする

　教科開きの授業。教科書を，開かせては折り目をつけていく。多くの教室で見られる作業の時間だ。しかし，単なる作業として終わらせるにはもったいない時間だ。これからの学習に見通しを持てる時間としたい（ここでは，前節の「教師の見通し」を生かした国語科の時間を，例にする）。

　「まず，目次のページまでアイロンをかけるみたいに，ぎゅうっと折り目をつけましょう。全部でいくつのお勉強に分かれていますか？　……そうだね，７つね。その中で，『話したり・聞いたり』するお勉強はいくつ？……そうだね，４つ。最初が，自己紹介のお勉強だね。みんなはクラス替えがあったから，ぴったりのいいお勉強だね。そして，次が？」

　「インタビュー！」

　「そうだね，インタビュー。自己紹介で知り合ったら，もっと相手のことを深く知るために，インタビューもできたらいいね。『総合』のお勉強ではお米農家の方にインタビューするから，そのときに役立てることができるね。その次は？」

　「これ何だろう？　ええっと，話し合い！」

　「そうだね，相手のことがよくわかってきたら，話し合うんだよね。一人ひとりが違う考えを持って，ここで生活しているから，言いたいことを勝手に主張したら，けんかになっちゃうね。だから，ルールのある話し合いについて学ぶんだね。最後の『話す・聞く』のお勉強は，スピーチするということだね。これは，クラスのみんなに聞いてもらったり，児童会選挙のときに，全校の人に自分の主張を聞いてもらったりするときに役立つ勉強だね……」

　以上のようなやりとりをしながら，ページに折り目をつけていく。ポイントは，何のために学ぶのか，そして何に，どう役立つのかを伝えながら，学習内容全体に子どもたちが見通しを持てるようにするということだ。

3 単元の見通しを持てるようにする

　ここからは，算数科を例にして単元の学習に見通しを持てるようにする例を紹介する。「むずかしい学級」の子どもたちが学習に向き合えない理由の一つは，単元や1単位時間の学習に見通しが持てないからではないかと，私は考えている。

　「むずかしい学級」の子どもたちは，「何時間この学習を続けるのか」「いつ単元テストがあるのか」「学習しなくてはならないことが全部でどれくらいあるのか」を，とても気にする。

　ときには，「この勉強，いつまで続くの？」「あと何分で終わり？」「テストは，いつ？」「テストに，何が出るの？」と直接尋ねてくる。

　そうしたとき，しばしば教師の叱責をもらう。「そんなに勉強が嫌なのか！」「もう少しだから，ガマンしなさい！」「テストのために学習しているわけじゃないだろ！」と言われてしまうのだ。

　しかし，本当はそうではない。「むずかしい学級」の子どもたちは，不安なのだ。「学習内容が理解できない状況がどれくらい続くのかな」「テストのときはまた，自分に絶望しなくてはならないのかな」と。

　そうならないためには，テストまでの間に，少しでも練習しておかなくてはならないとさえ思ってもいるのだ。実際にはできなくても，だ。

　子どもたちが，自分の学習について舵取りしながら自律的に学習するためには，まずは安心して学習に取り組める環境を整えることが必要だ。

　そのためには，単元の学習時間や内容がトータルでどの程度あり，どの程度の難易度であるのかを事前に示す必要があるのではないかと，私は考えている。

　教師は，よく「努力すること」を子どもに求める。しかし，それを「どれくらい」「どのように」することが「努力すること」になるのかを示すことは少ない。

子どもにしてみれば，「努力しなさい」と求められるが，それはどうすることなのかが，実はよくわかっていない場合が多いということだ。

そこで，「学びのガイド」（pp.72～74，図3-1）というものを考案，作成した。この「学びのガイド」には，本単元を学ぶ意味，各時間の学習内容，学習した内容で解くことのできる市販の「算数スキル」の該当頁が示されている。また，各時間の「学習内容の到達度」「学習態度」の評価も書き込めるようになっている。あわせて，全13時間の単元であり，13時間目には単元テストを実施することがわかるようにもなっている。

この「学びのガイド」は，学習内容や習得すべき数学的な思考力について示されているため，「UDL ガイドライン一覧表」[4]の以下の部分に該当するものと考えられる。

> ◎原則Ⅱ：行動と表出のための多様な方法を提供しましょう
> 　○実行機能のためのオプションを提供する（6）
> 　　・適切な目標を設定できるようガイドする（6.1）
> 　　・プランニングと方略の向上を支援する（6.2）
> 　　・情報やリソースのマネジメントを促す（6.3）
> 　　・進捗をモニターする力を高める（6.4）

CAST（2011）によれば，実行機能とは「環境に対する衝動性や短絡的な反応を抑え，長期的な目標を設定しその目標を達成するために効果的な方略を計画し，進捗状況をモニターし，必要に応じてその方略を修正する」ことだと説明されている[10]。つまり，人が持つ様々な能力を統括し，うまくそれらの能力が機能するようにすることを司るような機能のことを言う。

ここでは単元全体の学習時間や学習内容，またテストの時期などもはじめに示し，子どもたちの実行機能を働きやすくしようと，意図したということである。

子どもたちは，この「学びのガイド」を単元の１時間目に渡され，教師の説明を聞くことで，安心して学習に取り組めるようになる。それは，何をど

れくらいの期間で（上記 (6.2) に合致），どの程度行い，いつ評価するかが
わかるからである（上記 (6.1) に合致）。

　また，各時間のはじめには，「学びのガイド」中の「学習活動」や「学習
内容の評価」を読み上げ，「その時間のゴール」について説明する。

　これで，子どもたちにとってはその時間における到達点が明確になり，強
く意識される。どのように学習すればよいのか，見通しを持ちやすくもなる。
また，その見通しとは，どのように課題を解決するかという「学ぶ方法」の
見通しであり，「集中して取り組む」などのような「学び方」の見通しでも
ある。

　以上のことは，「UDL ガイドライン一覧表」[4]における下記の部分に合致
する。

◎原則Ⅲ：取り組みのための多様な方法を提供しましょう
　○努力やがんばりを続けるためのオプションを提供する（8）
　　目標や目的を目立たせる（8.1）

　子どもたちの中には，「今，すべきこと」「この時間のゴール」を見失いが
ちな子どもがいる。そうした子どもたちは，多くの場合，やる気がないので
はない。短期記憶の弱さや，気が散りやすいなどの要因から，注意を持続す
ることがむずかしいのだ。「学びのガイド」に示した学習活動や評価は，そ
うした子どもたちの取り組みを持続するための一つの支援策でもある。

「8. 整数の性質を調べよう

[偶数と奇数，倍数と約数]」学びのガイド　　組　　番　名前

○偶数，奇数及び倍数，約数などについて知り，整数の性質についての理解を深めるよ。
○見方を決めて整数を種類ごとに分けたり，数のでき方について考えたりする力がつくよ。
○縦横の長さが違う板などを並べて，しき詰めるときに便利な考え方がわかるよ。
○違う種類の，数の違う物をみんなに平等に分けるというときの分け方がわかるよ。
□整数のかけ算ができる。
□整数のわり算ができる。

時間	学　習　活　動	算数スキル	学習内容	学習態度 A自分をコントロールした Bまあまあ Cコントロールできない
1	【1　偶数と奇数】 □教科書P.96の「数あてクイズ」をして，整数をかけ算やわり算の答えとしてとらえて，話し合う。 □教科書P.97①①②に取り組む。「あたり」と「はずれ」がどんな数になっているのかを調べる。	③⑨	A 「あたり」と「はずれ」がどんな数になっているのかを①調べることができ，②説明（話す，書く，見せるなど）できた。 B 上の①だけできた。 C 上の①②ができない。	A　B　C ↓ふり返り↓
2	□教科書P.98②③④に取り組む。 □教科書P.98「まとめ」をまとめる。（話す，書く，見る） □教科書P.98「木」の①②③に取り組む。	④⓪	A ①「偶数」「奇数」の意味がわかり，②どのように並んでいるかわかった。 B 上の①②どちらかだけ。 C 上の①②ができない。	A　B　C ↓ふり返り↓
3	□教科書P.99②①②③④⑤に取り組む。 □「こうた」「みさき」「あみ」の考えをもとに，「偶数」「奇数」を式に表して説明する。 □「木」の④に取り組む。	④①	A ①偶数と奇数を式に表し，その性質を考え，②説明することができた。 B 上の①だけできた。 C 上の①②ができない。	A　B　C ↓ふり返り↓
4	【2　倍数と公倍数】 □教科書P.100の①①②③に取り組む。		A ①「倍数」の意味について理解	A　B　C ↓ふり返り↓

	□「しほさん」の発言を元にして，倍数について説明する。(話す，書く，見る) □④に取り組む。		し，②説明する（話す，書く，見せるなど）ことができた。 B ①と②のどちらかができた。 C 上の①②ができない。	
5	□教科書P.101「えんぴつ」と「キャップ」の数が等しくなる数はどんな数か調べる。 □⑤⑥に取り組む。 □言葉と図で「公倍数」「最小公倍数」の意味をまとめる。(話す，書く，見る) □「りく」が行っていることの意味を，説明する。 □⑦⑧「木」の①に取り組む。	テスト⑧	A ①用語「公倍数」「最小公倍数」の意味がわかり，②数直線上でいろいろな数の公倍数を見つけることができた。 B 上の①②のうちの1つができた。 C 上の①②ができなかった。	A B C ↓ふり返り↓
6	□教科書P.102「みさき」「あみ」「はると」の考えを参考にして，「4と6の公倍数」を小さい方から5つ求める方法を考え，友だちと交流する。(話す，書く，見る) □教科書P.102の①②に取り組む。 □「しほさん」の言葉をヒントに，「まとめ」をする。(話す，書く，見る) □「木」の②③に取り組む。		A ①4と6の公倍数の求め方を考える。②公倍数は最小公倍数の倍数であることに気づき，公倍数の求め方に活用できた。 B ①と②のどちらかができた。 C 上の①②ができない。	A B C ↓ふり返り↓
7	□教科書P.103の2と3と4の公倍数を求める。③①②③④に取り組む。 □「しほさん」の考えを友だちと説明し合う。 □「木」の④⑤に取り組む。		A ①2つの数の公倍数の求め方を活用して，3つの数の公倍数の求め方を考え，②説明する。 B ①と②のどちらかができた。 C 上の①②ができない。	A B C ↓ふり返り↓
8	【3 約数と公約数】 □教科書P.104の①①②に取り組む。 □約数について説明する。(話す，書く，見る) □③④に取り組む。		A ①「約数」の意味について理解し，②説明する（話す，書く，見せるなど）ことができた。 B ①と②のどちらかができた。 C 上の①②ができない。	A B C ↓ふり返り↓
9	□教科書P.105の⑤に取り組む。 □たても横もすき間なくしきつめられる場合はどんな場合か考える。		A ①用語「公約数」「最大公約数」の意味がわかり，②数直線上で	A B C ↓ふり返り↓

	□言葉と図で「公約数」「最大公約数」の意味をまとめる。（話す，書く，見る） □「木」の①②に取り組む。	いろいろな数の公約数を見つけることができた。 B 上の①②のうちの１つができた。 C 上の①②ができなかった。	
10	□教科書P.106「しほ」「はると」の考えを参考にして，「24と36の公約数」を全部求める方法を考え，友だちと交流する。（話す，書く，見る） □「あみ」さんの言葉をヒントに，「まとめ」をする。（話す，書く，見る） □「木」の③④⑤に取り組む。	A ①24と36の公約数の求め方を考え，②公約数は最大公約数の公約数になっていることに気づき，公約数の求め方に活用する。③３つの数の最大公約数を求める。 B 上の①②③のうちの２つができた。 C 上の①②③のうち１つ以下しかできない。	A　B　C ↓ふり返り↓
11	□教科書P.107「いかしてみよう」に取り組む。	A 単元の学習を活用して，筋道立てて考え，自分の力で問題を解くことができた。 B 単元の学習を活用して，筋道立てて考え，友達や先生と一緒に問題を解くことができた。 C 問題が解けなかった。	A　B　C ↓ふり返り↓
12	□教科書P.108，109に取り組む。	A 5問中，5問ともできた。 B 3〜4問できた。 C 2問以下しかできなかった。	A　B　C ↓ふり返り↓
13	□単元テスト		

《全体のふり返り》

　どんなふうに学習に取り組みましたか？　どのように，うまくいきましたか。うまくいかなかったところは，次の学習ではどのように改善しますか？

図3-1　算数科における「学びのガイド」

（『新しい算数　5上』東京書籍，令和2年度版を参照して作成）

4 何のために学ぶのかを示す

「UDL ガイドライン一覧表」[4]には，以下のような記述がある。

◎原則Ⅲ　取り組みのための多様な方法を提供しましょう

　○興味を持つためのオプションを提供する（7）

　　・個々人の選択や自主性を最適にする（7.1）

　　・自分との関連性・価値・真実味を最適にする（7.2）

　　・不安要素や気を散らすものを最小限にする（7.3）

　特に，ここでは「学びのガイド」の中に示されている内容と，「自分との関連性・価値・真実味を最適にする（7.2）」との関連を述べる。

　ここで書かれていることは，簡単に言うと，学ぼうとしていることが，自分にとってどのような価値があり，どのように今後役に立つのかを，子どもたちにわかるようにするということである。

　「学びのガイド」（図3-1）を，もう一度見ていただきたい。単元の第1時に，これを配付し，説明を行う。まず，はじめに説明を行うのは，「単元でつく力」「その力が何に役立つのか」ということだ。例として提示した「学びのガイド」（図3-1）には下のように書かれている。

○偶数，奇数及び倍数，約数などについて知り，整数の性質についての理解を深めるよ。

○見方を決めて整数を種類ごとに分けたり，数のでき方について考えたりする力がつくよ。

○縦横の長さが違う板などを並べて，しき詰めるときに便利な考え方がわかるよ。

○違う種類の，数の違う物をみんなに平等に分けるというときの分け方がわかるよ。

ここで，前半2つ目までに示されていることは，この単元の数学的な目標である。一方，3つ目と4つ目は，今後どんな生活場面で学習したことが役立つかを示している。これによって，子どもたちの意欲を引き出そうという工夫である。

　従来の授業では，この単元を通して「どんな力がつくのか」「何に役立つのか」が，子どもからすると明確ではなかった。教師にとっては自明ではあったが，子どもにそれらが示されることは稀であった。

　だから，子どもたちはしばしば「これ，何のためにやるの」「お母さんが，『○○なんて，社会に出て使わない』って，言っていたよ」などと言ったりした。

　もちろん，教師も問われれば，それらに対して答えてはきただろうが，そもそもこれからする学習で「どんな力がつくのか」「何に役立つのか」は，学習の当事者であるすべての子どもたちに，もれなくはじめから明示されるべきことである。

　そうでなければ，子どもは自分にとっての意味も感じず，どんな力がつくかもわからないまま，わからない事柄に精一杯の努力をすることを求められるのだ。こんなに不安なことがあるだろうか。

　自分に置き換えて，考えてみて欲しい。あなたは，「どんな力がつくのか」「何に役立つのか」わからない研修に，1日6時間耐えられるだろうか。恐らくは無理だろう。

　学習の目的や意義，全体像を示されていない授業を1日6時間受けなければならない子どもは，それと同じ感覚を持っているだろう。だから，逃げたくもなるし，反発もしたくなるのだ。

5 学ぶ手順の見通しを持つ

「学びのガイド」（図3-1）の6時間目の学習内容は次のようになっている。

□教科書 P.102「みさき」「あみ」「はると」の考えを参考にして，「4と6の公倍数」を小さい方から5つ求める方法を考え，友だちと交流する。（話す，書く，見る）

□教科書 P.102の①②に取り組む。

□「しほさん」の言葉をヒントに，「まとめ」をする。（話す，書く，見る）

□「木」の②③に取り組む。

　これらは，見てわかるとおり1単位時間の学習活動の概要を示したものである。

　教科書で学習する際に，何を，どのようにすればよいのかということを，順に示したものだ。

　これらのことを，子どもたちに示す意味は3つある。

---

①一斉授業への見通しを持つため。

②やや長い時間，子どもたちに自分で解決する時間を与えたときに，何をすべきか見失わないため。

③1単位時間を，ほぼまるごと子どもたちだけで学習するときの手順を示すため。

---

　①は，今まで行ってきた一斉授業に際して，子どもたちが見通しを持つことを想定したものである。つまり，単元の1時間目や1単位時間のはじめに，授業の流れに見通しを持ってもらうために使うことを想定しているということである。

　子どもたちは，「なるほど，これの次はこれをやって……」と先を見通すことができる。そういう意味で言うと，「To Do」のようでもあり，「リマ

インダー」の要素を持ったものであるとも言える。

③は，例えば授業のはじめに，「それでは，前回の続きから学習をはじめてください」とだけ指示して，１単位時間，子どもたちが個別に学習を進める場合を想定している。

子どもたちは，ガイドに示された学習内容をチェックしながら，「次は，これをすればいいんだな」と思いながら自分で学習を進めることになる。

②は，①と③の過渡期の授業でのガイドの役割である。

6 授業中のオプション

UDL 実践を特徴づけるものの一つにオプション（選択肢）というものがある。川俣智路（2020）は，「UDL は，『カリキュラムの障害』を探し出し，それを取り除くために『オプション』と呼ばれる複数の選択肢を学習者に用意し，（中略）主体的にオプションを選択するように働きかけ，学びのエキスパートを育てる」[11]と説明している。

ここでは，私が授業内で準備した様々なオプションを紹介することで，UDL の考え方を参照した授業の具体をイメージしていただきたいと思う。

ただし，以下に私が紹介するオプションを使えば UDL 実践になるというものでもなければ，逆にそれらのオプションを使わなければ UDL 実践にならないということでもない。

UDL 実践と呼べるものの条件は，第一に子どもたちを「学びのエキスパート」に育てることを目的とした実践であるということだ。では，「学びのエキスパート」とは何か。それは，「目的を持ち，やる気がある」「いろいろな学習リソースや知識を活用できる」「方略を使いこなし，自分の学びの舵取りをする」[4]学習者のことである。この目的を達成することを目指し，ガイドラインを参照しつつ，子どもの特性に合った支援をしている実践を，UDL 実践と呼ぶ。

たとえ，同じようなオプションを授業の中で準備していたとしても，最終

的に「学びのエキスパート」を目指していないものを，UDL実践とは言わないのではないかと，私は考える。

　例えば，授業中に同じオプションを用意した二人の教師がいたとしよう。一人の教師は，学びのエキスパートを目指し，子どもたちが自分でオプションを選択したり，最終的には子どもたちが教師にオプションを提案できたりするといいと考えていた。

　もう一人の教師は，そんなことは考えず，子どもたちに学力がつくことを考えていた。だから，この教師は子どもたちが自分に合ったオプションを提案することを，促さなかった。二人の教師が担任する子どもたちのテストの点数は，双方とも上々。子どもたちに，学力がついたと判断できた。

　しかし，数ヶ月後，当然子どもたちの姿は変わってくるだろう。

　前者の教師の教室では，子どもたちが「先生，○○の方法を使って，今日は課題に取り組みたいですが，どうですか」と尋ねてくるだろう。

　一方，後者の教師の教室では，そうした子どもたちの姿が見られないばかりか，ときに「先生，○○の方法を使って，今日は課題に取り組みたいですが，どうですか」という子どもの申し出に対して，「先生が示した方法でやります」と，教師が答えるという状況だったりする。

　さらに残念なことには，しばしばそうした教師は，自分がとった行動を「毅然としていたから，教師のとるべき対応として正しい」と勘違いしてしまうことがあるということだ。

　こうしたことを踏まえ，私が以下に示すオプションは，教師にとっても，子どもにとっても，一つのオプションでしかないと思っていただきたい。

　あわせて，最も大切なことは，以下のオプションをもれなく準備することではなく，最終的には子どもたちが自分に合ったオプションを，自ら提案してくるようになることを目指すということだ。

1 教師用指導書（答えや解き方を，いつ確認してもよい）

　算数の時間には，教師用指導書（朱書き）をいつでも子どもたちが見られる場所に置いておく。子どもたちの中には，自分が問題を解いたらすぐに答え合わせをしたい子どもがいるからだ。

　例えば，教師が「練習問題の①〜④に取り組みましょう」と言った場合。あなたは，どのように答えを確認しているだろうか。ある程度の時間をとって，時間になったら答え合わせをしているだろうか。それとも，４問すべてができた子どもから，教師のところにノートに持ってこさせて丸をつけているだろうか。

　いずれにしても，すぐに丸をつけないと，正答かどうかが気になって先へ進めず，座ったまま１問目から先へ進めない子には，学びづらい授業ということになってしまうだろう。

　そこで，私は「先生の教科書（朱書き）」はいつ見てもいいと説明している。

　「例えば，１問ずつ自分で答え合わせをしてもいいし，全部できてから見にきてもいいね。また，ヒントとして見てももちろんいいよ」と説明する。

　すると，子どもたちは必ず「ええ！　答えを写しちゃう人がいるかもしれません！」と言う。

　そんなときは，「いいんだよ，答えを写しても。ほら，今日の目標は『小数÷整数』の計算の仕方を考え，それを説明できる』でしょう？　だから，写してもいいから，計算の仕方を考えて，人に説明できれば OK なんだよ」と，説明する。

　これを聞くと，子どもたちは「そ，そうか」という表情になる。

要するに答えが合っているかどうかではなく，「考え，説明できる」ことが大切なのだということに気づくのだ。

2 YouTube

　図形や立体を書く学習のときには，動画の方がわかりやすいという子どもたちがいる。こうした子どもたちに向けては，教室にあるパソコンで動画を見ることも，オプションとして用意したことがある。ただし，事前にいくつかの動画だけを見てもいいとすることなど，アクセスには十分な注意が必要となる。

　こう書くと，多くの子どもたちがそこに殺到するのではないかと思うかもしれないが，実際にはそうではなく，１割程度の子どもが利用するに過ぎない。

　もちろん，はじめのころはやや多くの子どもが利用するが，その時間の目標に対するふり返りをすることで，最終的には自分にとって本当にそれが必要な子どもたちしか利用しなくなっていく。

　動画で示すのも，教師が示すのも同じではないかと考える人もいるかもしれない。

　確かに，そこから得られる情報はとても似ているかも知れない。しかし，動画なら何度も繰り返し見ることが可能だ。

　また，動画は「きちんと，１回で覚えなさい」と言ったり，「ちゃんと見ていなかったのか」と叱ったりしない。

3 算数の教材ソフトやデジタル教科書，教師作成のデジタル教材

　子どもたちの中には，ノートに書くことが苦手だったり，全体像を捉えてからでないと作業や思考がはじめられなかったりする子どもがいる。

　ノートに書くことが苦手な子は，図や表を書いているうちに問題を解決する時間がとても少なくなってしまう。

　また，全体像を捉えてからでないと作業や思考がはじめられない子は，し

ばしば解決を目前にして，「立ち往生」している。

また，動きがあったり，音が出たり，あるいは問題や解説を読み上げてくれたりする機能によって，学習内容の理解がずいぶんとしやすくなるという子どもがいる。

そうした子どもには，算数の教材ソフトやデジタル教科書，教師がつくったデジタル教材などの活用を促す。

こうしたツールを活用することは，「UDL ガイドライン一覧表」[4]の以下の部分に合致するものである。

◎原則Ⅰ　提示（理解）のための多様な方法を提供しましょう
　○知覚するためのオプションを提供する（1）
　　・聴覚情報を，代替の方法でも提供する（1.2）
　　・視覚情報を，代替の方法でも提供する（1.3）
　○言語，数式，記号のオプションを提供する（2）
　　・様々なメディアを使って図解する（2.5）

つまり，子どもたちの得意な方法で学習内容にアクセスしたり，理解したりするためのオプションを，はじめは教師が提供し，やがて子ども自ら「○○を使って勉強してもいいですか」と提案してくることを，ここでは推奨している。

私たち大人も携帯電話で話していて，よくわからない場合は「写真を送って」と頼んだり，文字を読むのが疲れたりすれば PC の読み上げ機能を使う。それと似たオプションである。

4　耳栓，衝立の利用，学習する場所の選択

教師の説明を聞くとき以外は，集中したい場合，耳栓やイヤーマフを使ってもいいことに私はしている。

以前，担任した子どもに人の話し声が聞こえてくると，作文を書いていても，ノートをとっていても，その聞こえてくる言葉を書いてしまうという子

どもがいた。

　その子は，「先生の話を聞こうとしていても，勝手に隣の教室の声が頭の中に入ってくる」と言っていた。

　そうした子がいる教室では，指示を出すときには，音声と合わせて，板書やスライド等で示すなどの配慮が必要だ。それに加えて一人で課題に取り組むときなどは，耳栓を使うなどのオプションがあるといい。

　また，周りの子どもの動きが気になる子どもや，視線などが気になる子どもは机上に置ける三方を塞ぐ衝立なども用意した。特にテストをするときなどには，子どもたちに人気であった。

　周りの子に見られているのではないかと，とても気にする子どもがいたので，そうした子どもは安心してテストを受けられると言っていた。

　次に，学習する場所の選択について書く。これは，「今日の学習のゴールに到達するためならば，どこで学習してもいい」というオプションである。

　例えば，「友だちと相談した方が学習しやすい」という場合には，友だちと机を並べて学習する。「先生に質問しながらが学習しやすい」という場合には，教師のそばで学習する。PCのそばがいい子は，その周りで。また，廊下で静かに取り組みたいと考える子は廊下で学習する。

　読者の中には，そんなことをしたら授業は収拾がつかなくなるのではないかと考える方もいるだろう。確かに，一時的に，教室が混乱しているように

見える場合はある。例えば，親しい友だちのそばに行ったために却って学習に集中できなくなるというような場合である。

　その場合に，重要になってくるのが「今日の学習のゴールに到達するためならば，どこで学習してもいい」という最初の教師の説明だ。そして，さらに重要なのは，子ども自身のその時間の「ふり返り」だ。

　あくまで学習の評価は，その時間のゴールに到達したかどうかで評価される。「楽しく勉強できました」というだけで，学習を評価してはいけないということを，子どもたちにはしつこく語る。

　また，その時間，学習のゴールに到達できなければ，「次はどうするのか」を子ども自身が考えなければならず，子どもはそれを実行しなければならない。

　友だちと一緒に学習したことで，周囲に迷惑をかけたり，何より本人がその時間のゴールに到達できなかったりしたのであれば，「その友だちとの学び方を変える」か，あるいは「場所や相手を変える」という選択ができるように促す。

　ところで，机はスクール形式であるべきだし，子どもは決められた席を動いてはいけないし，問題は自分一人でまずは解くべきものだという考え方もあるだろう。もしも，そう考えるのなら，もう一度教師自らが自問して欲しい。「この時間の目標は，何か」と。

　答えは，「小数÷小数のわり算を筆算で行うことができる」だったり，「登場人物の心情を，情景に気をつけながら読む」だったりするだろう。そこに，座り方や問題を解く場所までは含まれていない。

　「むずかしい学級」の「むずかしい子どもたち」には，本来の学習目標に到達する努力をする前に，学校様式に合わせられないために，学習から疎外されてしまっていることも，多くあるのではないだろうか。

　そして，それこそが今日的な学級崩壊の「起き方」の一つだろうと，私は考えている。自分の学びやすい方法で学ぶことを許されるのなら，もっと自分の能力を発揮できる子どもは多いはずだ。

　ケイティ・ノバック[12]は「Students are disabled or broken. Our systems are.」（障害があったり壊れているのは子どもじゃない。私たちの方だ）と言っている。

　授業の中での「ねらい」を引き算で精査して，本来の学習目標を達成することを核にして考えれば，「むずかしい学級」での授業にはまだまだ打つ手があると私は考えている。こうしたオプションを活用することは，「UDL ガイドライン一覧表」[4]の以下の部分に合致するものである。

◎原則Ⅲ　取り組みのための多様な方法を提供しましょう

　○興味を持つためのオプションを提供する（7）

　　・不安要素や気を散らすものを最小限にする（7.3）

　ところで，こうした場所選びや，耳栓，衝立の活用をする際には，あくまで子どもが自ら選ぶということが前提となる。

　例えば，「きみは，集中しにくいから衝立を利用しなさい」「あなたは，集中できないことが多いから，先生のそばの席ね」などと命じたとする。これらは，たとえ子どものためを思ってしたとしても，人権侵害であるばかりでなく，「学びのエキスパート」に育てることを目的とした UDL 実践とは対極にある方法だと言える。

5 質問するタイミング

　子どもたちの中には，質問したいときにすぐに質問しないと忘れてしまうという子がいる。教師の話の途中で，質問して割り込んでくるというような子だ。あなたにも思い浮かぶのではないだろうか。

　そうした子どもは，なぜすぐに質問してしまうのだろうか。確かに，衝動性が高いということもあるかもしれない。思い浮かんだ質問をとどめておくことができないのだ，と。しかし，記憶が苦手で思い浮かんだ質問を，すぐに忘れてしまうという子どもも中にはいる。

　その場合，その子は質問をすぐ忘れてしまうので，それを防ぐためにその場ですぐに質問をするという術を，自然と身につけたのかもしれない。言ってみれば，その子にとっての自衛策なのだ。

　だとすれば，その子の学習を成立させるためには，すぐに質問をさせてあげるということがよいだろう。私は，話の途中で質問が浮かんだときは，小さな声で隣の人に聞いてもいいというルールにしている。

6 集団の親和性（いつでも仲間に聞ける関係性）

　当然のことなのだが，子どもたちの学習の質は，子ども集団の親和性によるところが大きい。

　例えば，初期段階は「誰と一緒に学習してもよい」と言うと，子どもたちは「仲の良い友だち」と学習することを選ぶ。

　教師が，「『仲良し』というだけではなくて，今日の学習をするときに一番いい相手を選ぶんだよ」と話しても，子どもたちは，「仲良し」との交流を好み，「仲良し」の子同士が集まるという現象が見られる。

　しかし，これは考えてみれば当然のことだ。

　想像して欲しい。あなたが，多数の人たちが集まる研修に参加したとする。同じ勤務校からは，あなたともう一人の教員が参加している。会場には，近隣校などの教員だが，あまり親しくない教員たちがたくさんいる。

　講師から，「立ち歩いてもいいので，私が今申し上げたことについて，ど

なたかと意見交流してみてください」と言われた。

　あなたは，一人でまったく知らない教員をつかまえて話しかけられるだろうか。なかなかむずかしいのではないだろうか。

　しかし，あなたと，同じ勤務校のもう一人の教員と話している内に疑問がわいてきて，二人で「ねえ，講師のところに質問しにいかない？」ということになり，講師に話しかけてみる。また，「ちょっと，他の人の意見も聞いてみない？」となり，近くにいた人に話しかけてみる。こういうことならできそうだ。

　これと同じ状況が，初期の教室の状況と考えてみるとよい。

　子どもたちの学び方についても，「仲良し」を解体する方向ではなく，「仲良し」集団を生かす方向で働きかけるといい。

　「『仲良し』の子と学習することになれてきたら，その『仲良し』の子と一緒にもう一人に話しかけてみよう」というように，語るといい。

　また，クラスの子どもすべてを「仲良し」にするというような感覚は持たない方がいい。それは不可能だ。

　あわせて，子どもたちの中には，みんなと仲良くなれないことに劣等感を持ったり，むずかしさを感じたりしている子どももいる。全員と仲良くなることを強く求めることは，そうした子どもたちをさらに傷つけることにもなる。

　だから，「『苦手な人』がいても普通のことだよ。でも，同じ目的があれば，一緒に活動できる方がいいよね。部活に入っても，会社に入っても『全員と仲良し，全員のことが大好き』というのはむずかしいよ。でも，チームが勝つためとか，会社を大きくしたいというときには，協力し合えるよね。それに，自分と考えの違う人こそ，チームには必要ってこともあるんだよ」と高学年なら話すとよい。

　つまり，「仲良し」じゃなくても「協力し合える」ことが大切だと語るのだ。

　あわせて，あらゆる教育活動において，「仲良し」グループではなく，「目

的達成最適グループ」で活動させる機会を用意するといい。

　例えば，総合的な学習や社会科で同じ「興味・関心」を持つ子ども同士でグループをつくる。自分たちが，「なんのために」「そのことを学ぼう（調べよう）」としているのかを十分に意識した上で，役割分担をする。これによって，「仲良し」ではない子どもとの接し方や活動の仕方を，子どもたちは学ぶことになる。

　こうした機会を活用して協働のよさを体験させることは，「UDL ガイドライン一覧表」[4]の以下の部分に合致するものである。

◎原則Ⅲ　取り組みのための多様な方法を提供しましょう
　○努力やがんばりを続けるためのオプションを提供する（8）
　　・協働と仲間集団を育む（8.3）

7　学習事項の掲示

　学習事項の掲示をあなたはしているだろうか。多くの人がそれをしていると答えるであろう。もちろん，すべての教科ではないだろうが，子どもに定着させたいと考えている重要事項を画用紙などに書いて掲示していることだろう。

　ところで，それをいつ掲示しているだろうか。多くの場合，その時間の学習が終わった直後に，あるいは次のその教科の時間までに掲示しているのではないだろうか。

　もちろん，私も同様に授業後にそれらを掲示することがある。しかし，授業で活用することを考えて，算数科などでは予め毎時間の重要事項をすべて掲示しておくようにしている。

　これによって，子どもたちは，学習後はもちろんのこと，学習時にこれらの掲示物を活用することもできるわけだ。また，すべての重要事項が学習する順に掲示されていると，それは単元全体の見通しを持つための助けとなる。

　例えば，「偶数・奇数」「倍数」「公倍数」「最小公倍数」などの学習用語を

予め掲示しておくと，用語の理解が得意ではない子どもたちにとっての「足場的支援」となる。

　なお，「足場的支援」は「落ちる前」に行う支援という意味で，子どもたちが学習目標への到達過程において，それを活用することでスムーズに問題を解決することを助けるものである。だから，先に用意されていることが重要である。

　これまでの学習支援の中には，どちらかというと子どもたちが困難を感じてから提供される「落ちてから支援」もあった。そうすると，子どもたちの中には学習に対する有能感を失う子もいた。すなわち，「できなかったから，支援されたのだ。私は，できない子なんだ」と。

　さて，先に述べたような学習内容に関する掲示物は，単元テストのような場面でも掲示したままにしておく。子どもたちは，慌てて「先生，剥がさないのですか？」と尋ねてくるが，「このテストで試されているのは記憶力ではなくて，考え方ですから，見てもいいです。ただし，自分で見ないでやりたいという人は，もちろん見ないでやってください」と答える。

　UDL研究会は，「『段階的支援』（scaffolding）とは，提供した支援を必要に応じて減らしていくことです。建築現場の足場のように，最初あった支援を習熟度にあわせて減らしていくイメージです。もちろん，支援は必要に応じて増やすこともあり，『調節可能』であることが重要となります」と説明している[5]。

　この場合も，掲示が必要であれば見ればいい。一方，授業のときは見ていたが単元テスト時に必要がないと思えば，見なければいいのだ。

8　取り組む時間を最適化する

　以上のように，様々なオプションを用意する。そして，丁寧に対応して子どもたちが学力をつけ，なおかつ「学びのエキスパート」になれるようにサポートをする。

　それでも，毎時間，自己評価をすると学習内容の理解が「Ｃ」という子が

出てくる。

　もちろん，個別に呼んで休み時間や隙間時間に学習内容に関する補充を行ったりもした。

　しかし，それらのことをしても，なかなか成果があがらない。

　そこで，私は，子ども本人に次のように尋ねてみた。

　「どうしたら，算数の自己評価が『C』から『B』や『A』になりそう？」

　すると，「家庭学習を増やす」というように答えた子がいる一方で，「もう少し時間があれば，『A』になりそう」と答える子もいた。

　私は，この「時間があれば」をすべて信じたわけではなかった。正直に書くと，そうではなくて「2学年前の学習の復習ではないか」「もっと補充をした方がよいのではないか」と思ったりした。

　半信半疑ではあったが，子どもたちが言うことを実施してみることにした。

　具体的には，単元の総時数だけを伝えて，進み方は子どもによって違うという「自由進度」[13]で学習に取り組むという方法をとった。

　子どもたちには，「今日から，自分が理解できるまでその問題に取り組んでいいことにします。考えてみれば，理解できるまでの時間というのは人によって違うよね。だから，問題に取り組んでできたら，どんどん先に進んでもいいです。また，1題に1時間かかってもいいです」と話した。

　すると，ここで子どもたちから質問があった。

　「もしも，12時間で終わらなかったらどうするのですか」

　子どもたちは，全体の計画時間よりも時間がかかってしまうことを心配したのだ。当然のことだろう。

　私は，「どうしたらいいと思う？」と尋ね返した。

　子どもたちは，ごく普通に「家庭学習でやればいいか」と答えた。

　そこで，私は「もちろん，そうした方がいいと思えば，家庭学習でやってくるのは構わないよ。やり方ややる順番は『学びのガイド』に載っているからね」と応じた。

　すると，次の日には家庭学習として，算数の学習を進めてくる子が出てき

た。

　また，そうした子の内の一人が，「先生，家でやってきて理解していれば，学校ではその先をやればいいんだよね？」と尋ねてきた。

　私は，「もちろんだよ」と答えた。

　このように書くと，あなたには質問したいことがあるだろう。「計画時間内に，学習を終えられなかった子どもはいないのか」と。

　結論から言うと，そうした子はいなかった。むしろ，計画時間よりも，短い時間でどの子も学習を終えることができた。速い子は10時間の内容を１時間程度で終えた。

7 形成学力の評価としてのテスト

　私の実践の中で，評価（単元テスト等）に関わる取り組みは重要なことだと考えている。

　「むずかしい学級」の子どもたちは，一見学習に関して無気力に見える。しかし，実際にはその逆である。

　「テストの点数」が気になりすぎるから，それを回避しようとしたり，無気力に見せようとしたりしているだけだ。

　真剣に学習をしたのにもかかわらず，その結果が芳しくなければ，周囲に対して格好悪いと考えているし，なにより自分が学習に関して，これ以上傷つくことは極力避けたいと考えているのだ。

　だから，子どもたちは学習に対して無気力を装う。いわば，「むずかしい学級」の子どもたちはペルソナをかぶっているのだ。

　だから，単元の学習が済んだ後のテストの仕方には工夫が必要だと考えている。

ここでは，UDL の考え方を参照しながら，私が行っているテストの工夫を紹介する。

1　「テストの花道」プリントの配付

　私は，単元末に行う「本番のテスト」の問題傾向に似せてつくった「テストの花道」というプリントを作成してきた（図3-2）。

　このプリントは，解答用紙と共に単元の１時間目に配付する。

　子どもたちには，「ここに載っている問題は，すべて『本番の単元テスト』ととても似ています。つまり，これらの問題の解き方が，事前にすべてわかっていれば，もちろん『本番の単元テスト』の問題はすべて解けるということです」と説明した。

　子どもたちは，総じて喜んでいた。

　また，このプリントをいつ行うかは自分で決めればいいし，行わなくてもよいということにしていた。

　そうしつつ，１単位時間の授業が終わった際には，「今日の学習内容が理解できていれば，『テストの花道』の○番の問題ができます」のように話すことにしていた。

　子どもたちの中には，毎時間問題に取り組む子もいたし，一方で「問題が先にわかっているのは，自分の本当の力じゃない気がするから，やらない」という子もいた。

　このプリントに取り組む子どもからは，「自分がどれくらいの力がついているのかを知ることができたので，とてもいいプリントだ」という感想が聞かれた。

テストの花道　名前 ＿＿＿＿＿＿＿＿＿＿＿＿

★この「テストの花道」は，単元の学習内容がどれだけわかっているかを確かめるためのものです。単元テストとよく似た問題が出ています。

1. 1.429という数字の仕組みについて答えましょう。

   ① □にあてはまる数字を書きましょう。

   $1.429 = 1 \times □ + 0.1 \times □ + 0.01 \times □ + 0.001 \times □$

   ② 1.429の9は，何の位ですか。

   （　　　　　　　の位）

2. □にあてはまる数字を書きましょう。

   ① $425 = 100 \times □ + 10 \times □ + 1 \times □$

   ② $6.03 = 1 \times □ + 0.1 \times □ + 0.01 \times □$

3. □にあてはまる不等号（<，>）を書きましょう。

   ① 0 □ 0.02

   ② 5 □ 4.925

   ③ 7 □ 7.34－3.4

4. 次の数字は，0.001をいくつ集めた数ですか。

   ① 0.009 （　　　　　こ）

   ② 0.056 （　　　　　こ）

   ③ 3.81 （　　　　　こ）

5. 次の数は，3.14を何倍した数ですか。

   ① 31.4 （　　　　　倍）

   ② 3140 （　　　　　倍）

6. 次の数は，52.8を何分の一にした数ですか。

   ① 0.528 （　　　　　　）

   ② 528 （　　　　　　）

7. 次の計算をしましょう。

   ① 4.15×10 （　　　　　　　）

   ② 3.24×100 （　　　　　　　）

   ③ 138.3÷100 （　　　　　　　）

   ④ 38.36÷1000 （　　　　　　　）

8. 下の5枚のカードを，□に1枚ずつ当てはめて，次の数字をつくりましょう。

   ⑤　⑦　⑦　③　⑧

   ① 一番小さい数。

   □□.□□□

   ② 70に一番近い数字。

   □□.□□□

9. 3.576という数字について答えましょう。

   ① 0.001を＿＿＿＿＿＿＿＿集めた数字です。

   ② 0.3576を＿＿＿＿＿＿＿＿倍した数字です。

   ③ ＿＿＿＿＿＿＿＿を$\frac{1}{100}$した数字です。

10. 次の5枚をカード使ってできる数字の内，1番大きい数字を書きましょう。

    ⑤　⑧　④　⑨　①

    （　　　　　　　　　　　　　　）

    ＿＿＿＿＿＿＿＿＿＿＿＿＿＿＿＿＿＿＿

    ★★ふり返り★★

    いま，自分の理解度は，100％中，何％？

    ＿＿＿＿＿　％

    うちに帰って，した方がいいなと思うことがあったら書こう。

図3-2　自作の「テストの花道」プリント

2 「チェックテスト」の導入

　前頁で紹介した「テストの花道」プリントであるが，その後形態を変えることとなった。

　それは，前節で述べたように，私が子どもたちの実態に合わせて「自由進度」の授業を採用したためだ。

　「自由進度」で学習を進めていくと，各々の子にとって最適な速さで学習を進められるというよさがある一方で，子どもたちについた力がどのようなもので，どの程度のものかが見えにくくなっていた。

　それは，教師から見えにくいというばかりではなく，子ども自身も自分の力が見えにくいようであった。

　子どもたちの中には，よくできているのに，「自分はまだまだできていない」という印象を持っている子がいた。一方で，実は理解できていない部分があるのに，「自分は十分理解できている」という印象を持っている子もいた。いずれも，印象での自己評価をしてしまっている結果と言えた。

　そこで，「テストの花道」プリントに掲載されている問題を，大問1問ないし2問ごとに，1枚ずつのプリントにし，「チェックテスト」と名づけた。

　「チェックテストNo.1」というプリントは，1時間目の学習が終わると解くことができる問題となっている。「チェックテストNo.2」は，2時間目の学習が終わった際に行う。なお，「チェックテストNo.0」には，本単元を学習する前に理解しておく必要のある問題を載せた。

図3-3　チェックテストと，その答え

　つまり，単元全体が12時間計画であれば，12種類の「チェックテスト」が用意され，子どもたちは「学びのガイド」に示されている１単位時間の学習が終わる度に，１枚の「チェックテスト」を行い，丸つけをして教師に提出することになる。

　これで，その時間で身につけなければならない力が，自分に身についたかどうかを客観的に子どもたちは把握することができるようになった。

　これにより自分の力をモニターし，あわせてその評価結果によって，自分の「学び方」についても，子どもたちは客観的にふり返ることができるようになった。

　例えば，「今日のチェックテストは，全部できた。○○くんと一緒に勉強すると，すごくわかりやすい。次回も，○○くんと一緒にやる」というようなふり返りが生まれてくるようになった。

　つまり授業の中に，「目標に向かって学習に取り組む」→「チェックテストを行う」→「ふり返る」→「取り組みの維持・改善」→……のような学習サイクルが生まれたのだ（図3-4）。

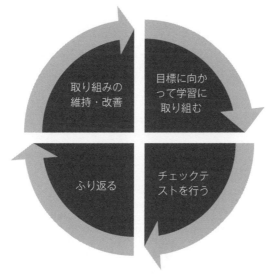

図3-4　筆者の実践で生まれた学習サイクル

このように「目標・学習内容」を示し，それらをもとに自分の学習状況を
モニターさせるという方法は，「UDL ガイドライン一覧表」[4]の以下の部分
に合致するものである。

◎原則Ⅲ　取り組みのための多様な方法を提供しましょう
　○自己調整のためのオプションを提供する（9）
　　・自己評価と内省を伸ばす（9.3）

　ここでのポイントは，はじめに何が学習の目標で，どのような手順で学習
を進め，どのような問題で評価をするかということを，子どもたちが先に知
っているということである。

　これまでの学習指導では，目標は明示されず，どのような手順で，どのよ
うに学習に取り組めばいいのかもわからないということが多かった。その上，
どのような方法で，あるいはどのような問題を解くことによって評価するか
も，子どもからすると明示的ではなかった。

　時々，子どもが「先生，テストにはどんな問題が出るのですか」と聞きに
くることがあった。そんなとき教師は「それは，教えられないなあ。ちゃん
と勉強してれば解ける問題だよ」などと答えてきた。

　これだと，例えばテストの直前にたまたま見た事柄がテストに出て，問題
ができることもあれば，それとはまったく逆のことも起きる可能性がある。

　入学試験ならいざ知らず，これでは，学習の成果について測る形成評価の
方法としては，正確さを欠くのではないだろうか。

3 テストをする時期や時間を最適化する

　あなたに一つ考えていただきたい。例えば，市販テストを単元末の評価に活用しているとしよう。国語の市販テストには，必ず通称「漢字50問テスト」というものが含まれている。それまでに学習した漢字を50題分書くというテストだ。

　これを実施したとしよう。ある子は，このテストが満点だった。この子は漢字の習得に関して，「A」と評価していいだろう。

　ある子は，半分の50点だった。ところが，この50点だった子が，1ヶ月ほどたってあなたのところにきて，こう言ったとしよう。

　「先生，あれからコツコツと練習したので，もう一度，テストを受けさせてください」

　乞われたあなたは，同じ問題を用意してテストをさせてあげた。結果は満点だ。さて，この子の漢字習得に関する評価は「A」としてよいのだろうか。

　どの子も同じ条件でテストは受けさせるもので，この場合，テストを受けさせる回数も時期も違っているから，努力は認めるが，評価としては「A」にはできないと考えるだろうか。

　試しに学習指導要領の解説を見ると，次のようにある[14]。

　「漢字の読みと書きについては，書きの方が習得に時間がかかるという実態を考慮し，書きの指導は2学年間という時間をかけて，確実に書き，使えるようにすることとしている。また，漢字の読みについては，当該学年に配当されている漢字の音読みや訓読みができるようにすることとしている」。

　これを見る限り，「2学年間という時間をかけて，確実に書き」とあるのだから，先ほどの子どもは「A」となる。

　また，2学年間で書ければよいのだから，3月までに書ければよいということだ。それさえ守れば，どのような練習の仕方であってもいいし，どのようなテストの仕方でもいい。

　例えば，私は次のような手法で漢字のテストを活用している。

- 一応のテスト期間を，土日を挟んだ7日間とする。そのうち登校日は，5日間。
- 5日間すべての日にテストを行う。
- 本番と同じ問題を，解答と共に2週間前に配付する。
- テスト週間になったら，1回目は15分のテスト時間をとる。
- 「50問すべてに挑戦」してもいいし，「合っているところだけ丸つけをしてもらい，間違っている問題は2回目以降に挑戦」してもよい。また，「10問ずつ5回テスト」してもよい。
- 2回目のテストからは，テスト実施時間を5分にする。ただし，2回目以降は間違った漢字や残っている漢字のみを書いていく。満点をとったものは自習とする。
- 5回目のテストが終了すると，いったんテスト期間は終了するが，その後も休み時間や隙間時間にテストを受けてもよい。

　こうすれば，記憶が苦手な子どもも少しずつ漢字を覚えていけばよく，モチベーションは高まる。

　また，算数などで10時間以上の長い単元がある。すると，最初のころに学習したことを，後半にはすっかり忘れてしまっている子どももいる。

　例えば，整数の性質を学習する単元では，「偶数・奇数」「倍数」「公倍数」「最小公倍数」「約数」「公約数」「最大公約数」と学習するわけだが，単元の学習がすべて終わったころには，「最大公約数」以外の学習内容は，すべて忘れてしまっているという子も中にはいる。

　もちろん，だから家庭学習で復習することが大切なのだということは正しい。しかし，「むずかしい学級」の子どもたちには，それがむずかしい場合が多く，結局授業中，その子なりに懸命に学習に取り組んでいたとしても，最終的には高い評価を得られないということが起きてしまう。

　そうすると，その子は「がんばっても，自分はダメな人間だ」と自尊感情をさらに低くしてしまう。

　そこで，私は長い単元の評価では，次のような方法を採用することがある。

　例えば，「偶数・奇数」の学習が終了したら，一度単元テストを配付して
しまう。名前を書かせた後に，次のように説明する。

　「みなさんが行うテストは，入学試験とは違います。これまでに学習した
ことが，どれほどわかっているのかを自分で知るためのテストです。ですか
ら，『偶数・奇数』の学習が終わった今，その部分のテストを行ってもいい
のです。でも，それはなにか嫌だな。自分としては，すべての学習が終了し
てから，テストを行いたいなあという場合は，どこにも手をつけず，そのま
ま提出してもよいです。では，今日学習したことを理解しているかどうかを
知りたい人は，□1の問題をやってもけっこうです」

　こうすることで，子どもたちは自分の力を発揮しやすくなる。

8　自分の学習状況をモニターする

　自分の学習状況をモニターする方法は，様々だ。例えば，授業の途中で
「ここまでのことが，わかった人」と尋ね，挙手させることも一つの方法だ。

　評価の手法は様々にあり，それらはどのような方法をとってもよいのだ。
教師が時間との兼ね合いで，様々な方法を選択して子どもたちに提供してい
い。

　しかし，重要なことは，「学習の目標」や「取り組みのための計画」がし
っかりとあって，かつ「客観的に学習状況や到達度を測るツール」が準備さ
れているということだ。

　これらを，「学習状況をモニターするための3条件」と私は呼ぶことにす
る。これがないと，子どもは「なんとなく」で自分の学習状況を評価してし
まうことになる。

図3-5 学習状況をモニターするための3条件

　ここでは,『ひろがる言葉　小学国語　六上』(教育出版)に掲載されている文学的な文章『川とノリオ』を例として,「学習状況をモニターするための3条件」を説明する。

　まず,単元の目標を立てるために,学習指導要領の国語科における指導事項を参照する[14]。すると,文学的な文章の指導事項は以下のように整理される。

構造と内容の把握		イ　登場人物の相互関係や心情などについて,描写を基に捉えること。
精査・解釈	文学的な文章	エ　人物像や物語などの全体像を具体的に想像したり,表現の効果を考えたりすること。
考えの形成		オ　文章を読んで理解したことに基づいて,自分の考えをまとめること。
共有		カ　文章を読んでまとめた意見や感想を共有し,自分の考えを広げること。

これを参考にして，単元の最終ゴールを作成し，子どもたちに示す。
例えば，以下のようなことになる。

> 　登場人物の関係や心情の変化について描写をもとに読み取ったり，豊かな表現の効果を考えて作品を読んだりして，その感想を友だちと交流する。

　このようにゴールを設定したら，次にこれを具現化できるような指導計画を作成する。以下，7時間扱いとして指導計画を示す。作成にあたっては，「令和2年度版『ひろがる言葉　小学国語　六上』年間指導計画・評価計画（案）」（教育出版）[15]を参照した。

時間	活動内容	自己評価	オプション
1	・全文を読み，意味のわからない言葉の意味やわかりにくい表現の意味を理解する。 ・「学びのガイド」をもとに学習に見通しを持つことができる。	A　①意味のわからない言葉の意味やわかりにくい表現の意味が理解できた。 　　②学習に見通しを持つことができた。 B　①②のうち，一つはできた。 C　どちらもできなかった。	・辞書の使用（タブレットも可）。 ・音声CDの使用。 ・デジタル教科書の使用。
2・3	・物語の中の出来事，登場人物の状況や心情，川の様子の変化について，表にまとめる。	A　物語の中の出来事，登場人物の状況や心情，川の様子の変化を表にまとめることで，感想を表現するのに十分な材料を集めることができた。 B　やや十分とは言えない。 C　十分ではない。	・「出来事入り」の表の使用。 ・辞書の使用。（タブレットも可） ・音声CDの使用。 ・デジタル教科書の使用。 ・表に記入するのではなく，教科書に直接書き込むなどの方法も可。

4	・豊かな表現（「比喩」「色」「体言止め」「擬人法」「音や様子」「くり返し」「対比・類比」）についての説明を聞いて理解する。 ・豊かな表現を本文中から見つけて，その効果を話し合う。	A　①豊かな表現について理解できた。 　　②豊かな表現を本文中から見つけて，その効果を話し合うことができた。 B　①②のうち，一つはできた。 C　どちらもできなかった。	・「豊かな表現」入りの表の使用。 ・辞書の使用（タブレットも可）。 ・音声ＣＤの使用。 ・デジタル教科書の使用。
5・6	・ノリオと他の登場人物の関係や心情の変化について描写をもとに読み取ったり，豊かな表現の効果を考えて作品を読んだりして，その感想を交流する準備をする。（感想には，「ノリオ」「川」「豊かな表現」「心情の変化」という言葉を入れる）	A　感想を表現するための十分な材料を集め感想をまとめることができた。 B　やや十分とは言えない。 C　十分ではない。	・シンキングツール[16]を選んで使う。 ・話して聞かせる（原稿あり・原稿なし），書いたものを見せる，書いたものを見せながら話すなどを選択する。
7	・準備した感想を，友だち（３人以上）と交流する。また，相手の感想への感想を伝える。	A　友だちの感想を聞くことで，作品に対する自分の感じ方が変化したり，ひろがったり，深まったりした。 B　友だちの感想に対して感想を伝えることができた。 C　感想を伝えることができなかった。	

　以上のような「学びのガイド」を作成し，１時間目に子どもたちに示す。

　これによって，課題解決に向けた見通しを，子どもたちは持つことができる。

　また，このように学習の進捗の目安を示しておくことによって，子どもた
ちは自分の学習状況（進度の維持，学習の質の確保）を，より正しくモニタ
ーすることができるようになる。

　一方で，当然モニターの内容を教師は把握することが必要である。私は，
この実践において子どもが付箋にふり返りを書き，授業後，座席位置にそれ
を貼るという手法をとった（図3-6）。

　なお，その際には「ばっちり（青色付箋）」「まあまあ（黄色付箋）」「ドキ
ドキ（赤色付箋）」というふうに学習状況によって，色を選択し，子どもた
ちはふり返りを書いた。

　次に，5時間目の代表的な内容のふり返りを紹介する（図3-7）。

　次頁上の付箋①を見ると，「黄色付箋」とはなっているが，意欲が高く，
自分の望む規準に到達していないが故の「黄色」だということが文面からわ
かる。⑥の付箋も同様に，自分なりの規準があり，そこへの未達が黄色を選
ばせていることがわかる。

図3-6　黒板にふり返り付箋を貼付させる

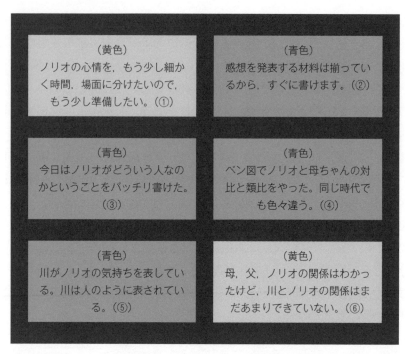

図3-7　子どもたちの書いたふり返り（便宜上，筆者が①〜⑥の番号をつけた）

②③の付箋からは，自分の進捗を「学びのガイド」に照らし合わせたときに，それが十分な状態であると判断し，「青色」を選んだことがわかる。

④の付箋からは，シンキングツールのベン図を活用できていることがわかる。また，「対比」「類比」（読解の際の観点）という既習事項の活用もうかがい知ることができる。こうしたふり返りは，学習におけるオプションをどのように選択したかということや，学び方を記録するのにも役立つ。

⑥からは，「川」と「ノリオ」の関係に気づき，それを追求していることがわかる。その子のテーマが何であるかを知る材料となる。

以上のように，「学びのガイド」と「ふり返りのツール」によって，子どもたちのふり返りを促すことができる。

9 一斉授業も必要だ

　ここまで書いてくると，一斉授業は，子どもたちの個性的な学びに対応することができないから，否定されるべきだという思いを持たれたかもしれない。

　子どもたちの学習進度は基本的にまったく同じなわけがないし，学びやすい環境も子どもによって違うのだから，自由進度にして，個別指導を行った方がいいようだ。

　このように，多くの読者が感じたかも知れない。

　しかし，決してそうではない。

　多くの子どもたちが，つまずきそうなポイントは，予め明らかだ。

　また，「学習の前提となる事項や，条件をそろえたい」，そのため，「一斉に全体で説明を行いたい」……。このような時は，やはり一斉指導を行うべきなのだ。それを，ためらう必要はまったくない。また，実際のところ教師が直接教えた方が，学習内容をよく理解できる子どもはいる。

　だから，子どもたちが望めば，いつでも一斉授業をするべきだし，子どもたちから要望が上がらなくても，「ここは，勘違いしやすいところだから，最初に先生が10分で説明をします。その後は，一人ひとりが問題を解く時間ね」と断って，一斉授業をすることは，むしろよいことだ。また，空き教室を活用したり，あるいは一つの教室を前後にある程度分けることができれば，「自分で解きたい人」「先生に教えてもらって解きたい人」にグループ分けして，学習を進めたりすることも可能だ。もちろん，その際には教師がグループを分けるのではなく，子どもたちがどちらで学ぶかを選択できるということが肝心だ。

　重要なことは，授業の形態にこだわるのではなく，学習目標への到達であり，子ども自身が自分に合った方法で学ぶことを選択できる学習者になるということなのだ。

COLUMN

03

心づくりの仕掛けを

「むずかしい学級」を担任すると，とにかく朝がしんどくなる。

布団から出たくなかったり，足取りが重くなったりもする。

そこで，私はその日の心づくりをする仕掛けを，出勤時に自分ですることにしていた。

私にとって一番よかったのは，落語やお笑いの音声データを聞くことだった。

出勤時に色々と考えてしまうと，「行かない理由」や「悪い予測」ばかりが頭に浮かんでくる。

そこで，楽しいネタ，楽しい言葉で頭をいっぱいにして，学校に着くまでの間，何も考えないようにしていた。

もちろん，朝の時間は貴重だから，それなら読書をした方がよいのではないかとか，頭の中で段取りを考えた方がよいのではないかという考え方にも，頷けるところがある。

では，何の役にも立たないお笑いの音声データを聞いた日と，頭の中で仕事の段取りを巡らせた日とでは，何かが大きく違うだろうか。

私は真剣に，はじめの5日間は頭で段取りを巡らせ，残りの5日間はお笑い音声データを聞くという実験をした。

結果は，まったく違わなかった（笑）。

段取りを巡らせて出勤しても，予期せぬトラブルは毎日のように起きた。逆にお笑い音声データを聞いた日には，何も起こらないばかりか，帰りに寄ったコンビニで，たまたま保護者に会い，「うちの子，『学校が楽しい』って言っています」と教えてもらったりした。

だったら，24時間の中で，「苦しくない時間」が少しでも少ない方がいいに決まっている。

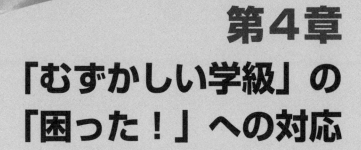

第4章

「むずかしい学級」の
「困った！」への対応

① 話さない子との関係づくり

その子の気持ちを知るパイプを早くつくる

暴言や，不適切な行動を繰り返す子が気に掛かる一方で，「おとなしい子」「話さない子」の存在も，担任として気に掛かる。

休み時間なども教室で一人ぽつんといて，おとなしく座っている。この子の人間関係も，教室の中でつくってあげたい。こう望むのは担任としては，当然のことだ。しかし，だからといって焦ってはいけない。

無理に誰かと仲良くさせようとしたり，その子を誘うように周囲の子に促したりすると，その後トラブルになることも少なくない。

例えば，教師に「仲良くなるように」と頼まれた子の一部は重荷と感じたり，また，そのことを負担に思い陰でいじわるをしたり，というようなことも起きる。

まずは，周囲の子とその子を結びつけるよりも，担任がその子とつながることが優先だ。交換ノートなどでもいいし，保護者を介して，その子の感じていることを聞いてもいい。パイプをつくることが優先なのだ。

話さないのではなく，話せないのだ

まず，はじめに担任として肝に銘じておくべきことは，その子が話さないのではなく，話したいのに話せないということだ。話せるのなら，とうに誰かと話しているのだ。その証に，学校で話せない子は家では多弁であるという場合が多い。

こう考えれば，話せるのなら話したいのに，話せないのはどれだけ苦しいか想像できるはずだ。

　だから，絶対にいけないのは「話をさせよう」とすることだ。少しでもいいから話をさせようとしたり，「はい」か「いいえ」だけでも言わせようしたりすることは好ましくない。

　そうした子は，しばしば日記などに「少しでも話ができるように，がんばります」というようなことを書いてくるが，それを文字通りに受け取って，「それなら，担任として背中を押してあげよう」などと考えることは，やめた方がいい。

　プレッシャーや期待をかけられるほど，そうした子はますます声が出にくくなるのだ。

　だから，本人が「話せるようになりたい」と書いてきたら，「いいんだよ，無理しなくて。そのままでいい。そういう気持ちがあるだけで十分だよ」と伝えてあげることだ。

　まずは，話をしないあなたも，教室にいていいということを教師は態度で示してあげよう。心理的な要因で，話すことがむずかしい子には，力を抜いてあげ，ゆったりとさせてあげることが大切だ。それが遠いようでいて，実は話せるようになる一番の近道なのだ。

そのままでいいよ

② 性的なハラスメントが見られる

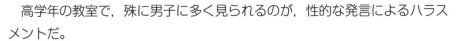
高学年の教室で起きる性的なハラスメント

　高学年の教室で、殊に男子に多く見られるのが、性的な発言によるハラスメントだ。

　次のように、進行することが多い。

レベル１：休み時間などに男子数名が教室で集まって話している。時々、性的な言葉が耳に入ってくる。

レベル２：授業中の教師の発言や子どもの発言の一部を性的なことと結びつけて、ニヤニヤと笑っている。

レベル３：時間、場所に関係なく、性的な発言が横行する。

　こうした状況になれば、異性、同性関係なく、性的なハラスメントが教室で横行することになっていく。

　このような状況になってはいけないし、止めなければならない。

　そのためには、レベル１段階でアプローチすることが有効だ。まず性的なことに対する興味を持つことは、決して悪いことではないというメッセージを伝える。その上で、そのことと、嫌がる人がいるかもしれない教室という場所で「性的な発言」をすることとは、別の問題だと伝えるようにする。

　その際、高学年であれば「男女雇用機会均等法」についても触れて、世の中全体で許されないこととして、対処していることだと伝える。

　自分たちが生きている社会の中では、人が嫌がる性的な言動は、公的な場所であれば、いかなるときにおいても許されていないことであるという「教室世論」をつくる。

感じ方の違いに気づかせる

　もちろん，性的な嫌がらせとなる発言はいけない。しかし，性に興味を持つこと自体を否定してしまうと，自己嫌悪に陥ってしまう子もいる。だから，あくまで性に関することを公の場で言うこと，することが許されないのだということに限って伝える。また，性に関する様々な不安や疑問は，いつでも先生に相談しにきていいということも伝える。

　その上で，性的なハラスメントの問題を通して，子どもたちに気づかせたいのは，人の感じ方の違いだ。

　２つ方法がある。一つは，全員に無記名で次の問いについて書かせるという方法。「性的な発言を教室で聞いたとき，どんな気持ちになるか。それはなぜか？」という問いである。子どもたちは，「気持ちが悪い」「言っている人は，変態だと思う」「ニヤニヤして，こっちを向いたりして，とても嫌」というようなことを書いてくる。それらを読んで聞かせる。また，「なんとも思わない」という意見にも「そういう人もいるよね」と認める。ここでは，色々な人がいるということをわかってもらえればよい。

　もう一つは，２人以上の教師が，「性的な発言」についての感じ方を語って聞かせるという方法である。ここでも，感じ方の多様性が子どもたちに伝わることを目指す。ある教師は「小さいころに，自分もそうした発言をみんなの前でしていたことがあった。しかし，それはとても幼い人の行動の仕方だったなあと今は思う」と言い，別の教師は「私は，そういう発言が嫌だから，中学生のころに『そういうことを言うのは，好きじゃないな』と友だちに言ったらやめてくれたことがあった」というような話をする。

　性的な発言や，それについての感じ方について，「ダメなものは，ダメ」という教え方をすると，却って子どもたちの性への関心は，いびつなものになりやすい。子どもたちの言動を強く抑え込み，自己嫌悪や他者への攻撃，子どもたちの分断を喚起するのではなく，感じ方の違いや嫌だと感じたときの気持ちの伝え方を教える。

③ 学習にとりかかれない子

みんなの前でアプローチしない

　授業中に，「むずかしい子ども」のどうしても目に余る「不適切」な行動があるとする。

　そんなときは，決して深追いしないことだ。

　もちろん，それが学級経営初期で，まだ教師の言うことを聞くのなら，その場で指導をしてもよい。むしろ，その方が，効果が高い場合もある。しかし，５月を過ぎたあたりで，そろそろ担任に対する甘えのようなものが見られたときには，その場で指導するのは危険だ。

　例えば，授業中，指示したドリルの問題を「むずかしい子ども」が解いていなかったとしよう。

　もちろん，あなたはそれに気づいて「○○さん，どうした？」と声をかける。ところが，それに対して子どもが「ああん？」と感じの悪い返事をする。

　教師は，「『ああん？』じゃないだろう。みんな，もうドリルをやっているぞ。どうして君はやらないんだ」と応じる。

　「めんどくせえんだよ」と，応じる子ども。

　こうなってしまったら，教師も子どもも引っ込みがつかない。

　教師は，「他の子も見ている。ここで譲っては，示しがつかない」と思ってしまう。

　子どもは，「みんなが見ている。みんなの前で，恥はかけない。かっこ悪いまねはしたくない」と感じているだろう。

　どちらも意地を張っているだけだ。教師は「教師らしくありたいという仮面」をかぶっていて，子どもは「悪い子」の仮面をかぶっている。双方，問題を解決するのではなく，その仮面が剥がれないようにしているだけなのだ。

その子にあったアプローチをする

　まず，本当はできるのだがぼうっとしていて，取り組めない子の場合，スイッチを入れてあげることが大切だ。

　例えば，「ドリルができた人から，先生に見せて。オーケーだったら，休み時間にしよう」と指示すると効果がある場合がある。

　もしも，それに関係なく遊びに行こうとしたら，「○○くん，ドリル持ってきて」とさらっと言う。

　次に，課題を解くことができない子である。このときの鉄則は，周囲の子に，その子ができないということを悟らせないということだ。

　付箋に「どれならできそう？　指さして」と書いて，ドリルの上に貼る。そのときに指がさせれば，「ナイス！　じゃ，できるところだけやってみて」と続けて付箋を貼ってあげるようにする。

　しかし，指をさせない場合は，「ちょっと，待っていてね」と付箋を貼る。そこから，机間巡視のコースに沿って一回りし，全体に対して次のように話す。

　「これから黒板に答えとやり方を書きます（答えがプリントだったり，冊子だったりする場合もある）。答えをちょっと見たり，やり方をちょっと見たらわかる場合もあります。また，どうしてもわからない場合は，ひとまず写しておいて，あとで先生に尋ねるという方法もあります。見るか見ないかは，自由です。どちらにしても，『わかろう』としていることが大切です」

　このように対応した場合と，左頁との違いを比較していただきたい。

　左頁の場合，互いの仮面が剥がれないように意地を張っていた。しかし，この頁のような対応であれば，子どもと教師がぶつかることはない。

　このような違いはなぜ起きるのだろうか。この頁の場合，教師はあくまで子どもの学習を成立させるようにサポートしようとしているのであり，左頁の場合は，「このような子どもは指導しなければならない」という「信念」を教師が持っている。こうしたマインドの違いが結果の違いなのだ。

4 みんなと遊べない子

なぜ，遊べないかを探る

　休み時間が終わるたびに，周囲の子から報告がある。ドッジボールの時，

「○○さんが，意地悪をした」

「○○さんが，ルールを守らない」

「○○さんが，途中でいなくなった」

というようなものだ。

　こんな話を聞くたびに，教師は○○さんを呼び出して，指導する。その多くは，「『意地悪』しちゃいけません」「ルールを破るのはいけません」「遊ぶなら最後まで遊びなさい」というような内容だ。何度も続くと，「もう，あなたは遊んではいけません」というようなことを言う教師もいると聞く。

　こうした対応を続けていると，場合によっては，周囲の子がその子を疎外するようになる場合もある。その上，教師はどこか「あの子が悪いから，仕方ない」などと思っていたりする。これでは，いけない。休み時間も，子どもにとっては大切な学びの時間なのだ。

　こうした訴えがあった場合は，どのような状況で起きてしまったことであるのかを確認することが，第一だ。特に，低学年の場合は，「被害者」だと訴えてくる子が，実は「加害者」であることはよくある。だから，まずは状況をよく聞き取る。その上で訴えの通り，その子が「よくない」のであれば，アプローチを始める。大きく言うと，4つの質問をする。

　①「どんなルールか知っている？」

　②「『悪いことしちゃったとき』の気持ちって，覚えている？」

　③「これから，どんな感じになれたら嬉しい？」

　④「みんなや先生に，手助けできることはある？」

質問の答えに応じて対応する

①の質問は，「ルールを守らない」と周囲から思われているが，そもそもルールを理解しているのかということを，知るための質問だ。これがわからないのだったら，ルールを守りようがない。

②の質問は，直接「ルールを守らない」「その場を放棄していなくなった」原因を探る質問だ。答えにくそうなら，「ボールが当たっていたかった？」「ボールが当たって，外野に出なくてはならなくて悔しかった？」のように例示して尋ねるといい。もしも，自分の心情を伝えることができれば，「素直に話してくれて，ありがとう。そういう気持ちになるのも仕方ないよね。先生もそういうことあるな」と応じて，感情自体は否定しないようにする。

ここで，わき上がってくる感情まで否定してはいけない。行動を修正することはできても，わき上がってくる感情を封じることはできない。もしも，感情を否定し，感情自体をコントロールしなさいと命じられたら，子どもにとって，このことは解決不能と感じられてしまう。また，②の質問に答えられそうになかったら，「忘れちゃった？」と助けてあげてもよい。忘れてしまっていることを責めずに，忘れても仕方ないという接し方をする。

その上で，③④の質問を繰り出す。責めずに，充分話を聞いてあげていれば，子どもは割と安心して「これから」について語ることができる。次のようなやりとりになる。

「みんなと仲良く遊べるといい」

「そうか。そうか。それが一番いいよね。そうしたいと思っているんだね。それって，怒って教室に帰ったりしないってことだよね？」

「うん」

「そうかあ。みんなにお願いしておきたいことはある？」

「すぐに『外野に出ろ』って言わないで欲しい」

もちろん，これですべて解決できるわけではないが，少なくとも子どもは自分が望んでいることと，それに近づく方法に気づいたことにはなる。

⑤ 「無視する」と指摘される子

指摘した子への対応

「○○さんは，注意しても無視する」と訴えにくる子，訴えられる子がいる。まず，すべきことは状況の確認である。

「どんな場面だったの？」と，訴えてきた子に尋ねる。すると，「学級文庫をちゃんと片付けていないから，『○○さん，ちゃんとしまって』って言いました」と答える。

「なるほど，みんなで使う学級文庫だからきれいにしなきゃいけないと思って，言ってくれたんだね。ありがとう」と，ねぎらいの言葉をかける。

続けて，「どんな言い方だったか，先生を○○さんだと思って言ってみて」と，頼んでみる。

ここで，二通りの場合が考えられる。

一つは，言い方が不適切な場合である。その際は，決して叱っているという雰囲気ではなく，「今度は，こんな言い方をしてくれる？」とモデルを見せることにする。

場合によっては，「やさしい言い方」と「きつい言い方」の両方の言い方を聞かせる。その上で，「あなただったら，どちらが素直に言うことを聞けそうかな？」と尋ねる。

低学年なら，言い方の練習もさせてみる。うまく言えたら，すかさず「そうそう！　その言い方だよ！　上手だねえ」とフィードバックする。

もう一つは，適切な言い方で注意できている場合である。その場合は，まず，訴えてきた子に全面的に共感をする。「本当にありがとう。クラスのことを考えて注意してくれて」のようにである。その上で，「ところで，言われたとき○○さんは，どんなふうに感じたんだろうねえ？」と投げかける。

指摘された子への対応

指摘した子とともに，指摘された方の子の話を聞くことにする。

まずは，事実の確認だ。「さっき，学級文庫のことで□□さんに『○○さん，ちゃんとしまって』って言われた？」と尋ねる。それを認めたら，次の段階に進む。

「そのとき，どんな感じがしたのかな？」と尋ねる。

これには，すぐ答えられる場合と答えられない場合がある。基本的には，子どもが話し出すのを待つが，長く考えているようであったり，話すのが苦手な子であったりする場合には，いくつか例示する。「『腹が立つ』『ちゃんと入れているよ』『何かをしていて，返事ができない』『返事したよ』……どれか近いものはあるかな？」のように。

対応の仕方はそれぞれ違う。

「腹が立つ」には，「そうか，そうか。そういうことはあるよね。でも，本は雑に置いてもよかったのかな？」と尋ねる。

「ちゃんと入れているよ」には，「そうか，じゃあきっと二人が思っている『ちゃんと』がずれているんだね。先生も入って，三人で『ちゃんと入れる』って，どういう入れ方か確認しようね」と言う。

「何かをしていて，返事ができない」には，「そうか，二つのことが一度にできない時ってあるよね。でも，□□さんは，『無視された』と思って悲しかったんだって。次から，何かできそうなことはある？」と尋ねる。それに対して，「頷くようにする」というような言葉が出てきたら，□□さんに「それでいいか」を尋ねるようにする。

「返事したよ」には，「そうか，返事したつもりだったんだね？　でも，□□さんには聞こえなかったみたいなんだよね。次から，できそうなことはある？」と尋ねるようにする。

つまり，基本的には子どもの心情を受け止めた上で，次からできそうなことを決めていくという手法をとる。

6 指導しようとすると「逃げて」しまう子

エスケープする理由は，なんだろう

　教師が指導すると，逃げていなくなる子がいる。「叩かれた」と誰かに訴えられると，事情を聞いている最中にどこかへいなくなってしまうような子もいる。場合によっては，トイレの個室に閉じこもるような子もいる。こうした子どもにはどのように対処すればよいのだろうか。

　まず，その場からいなくなるということは，それによって何かから，その子が逃れたいと思っているということがわかる。そして，多くの場合，教師は叱られたくないのだろうと想像する。また，それが自分の責任を放棄しているようにも見え，反省していないと判断する。そこで，人によっては追いかけたり，無理に連れ戻して，さらに叱ったりする場合もある。

　こうしたことを続けて，果たしてその子の状況は改善されるかというと，ほとんどそんなことはない。

　もしも，教師の見立てが正しく，そこから考えた指導方法が適切なものであれば，子どもはよくなるはずである。しかし，そうなっていないのならば，教師の対応のどこかに間違いがあるのだ。

　教師は，子どもがエスケープする理由を聞かずに，勝手に「叱られたくない」「責任から逃れたい」「反省していない」と判断している。

　教師は，まずこうした自分の思い込みを最初に疑うといい。

　これを，いったんひっくり返して，逆に考えてみるとどうなるだろうか。「叱られるに十分なことをしてしまったと感じ」「責任をむしろ強く感じすぎてしまっていて」「強く反省している」。

　このように考えているとしても，やはりその状況から逃げ出したくなるのではないだろうか。

落ち着いてから聞く

　まず，被害を受けた子どもがいる場合は，「あとで，先生がしっかりと話を聞いておくから，明日まで待ってもらえるかな」とお願いしておく。

　その上で，件の子どもが落ち着くのを見計らう。まずは，こう話す。

　「怒っているわけじゃないよ。でも，先生教えて欲しいことがあるんだ」

　また，教師から話を聞かれても緊張しない場所を，子どもに尋ねる。

　子どもによっては，相談室のような一対一になれる静かな場所を選ぶ場合もあるし，「教室でいい」と答える子もいる。

　いずれにしても，子どもが選んだ場所で，いくつか尋ねてみる。

　まず，はじめに「自分がしたことの何が悪いのだろうとわからない感じかな？　それとも，自分がしたことが，とても悪いことだと感じているのかな？」である。一般に前者の場合は，「良いか悪いかの判断」がついていないのだから，それをしてはいけないことを教える。後者の場合は，「そうか，そうすると昨日はどうして途中でいなくなったのかな？」と尋ねる。

　これに答えられない場合は，いくつか選択肢を出してみる。

　「とても悪いことだと感じて，その場にいることが苦しくなった」

　「悪いことをしてしまったことはわかっているが，そこにいるともっとひどいことを相手にしてしまいそうだった」

　「ちょっと落ち着いて，自分のしたことを考えてみたかった」

　このような選択肢を与えて，その答えを引き出す。その上で，どうすれば自分も，相手も安心できるかを一緒に考えるようにする。

　例えば，「『あとで必ず話すから，ちょっと落ち着くまで待って』と相手や先生に伝える」というようなことができれば，理想だ。しかし，それが難しい場合は，「じゃあ，これからも○○さんがいなくなってしまったら，あとで話してくれるものだと思うね」と伝える。大切なことは，その子を安心させ，自分で自分を落ち着かせる時間を与えて待ってあげることだ。そうすることで，その子は自分で立ち直る力をつけることができる。

7 盗んでしまう子

認めさせ，「盗み」の認識を確認する

　まず，指導の前に確認すべき事がある。吉田精次（2020）によれば，「盗みが犯罪であることを認識するためには（1）自分の物と他人の物（それが違うという概念も含めた）という「所有」の概念があるということと，（2）商品はお金を支払って自分の所有物にするという社会的ルールがあることを知っているということ（規範意識）が必要」だという[17]。

　これに従えば，盗んでしまった子どもに，まず「所有」の概念があるかどうかを確認しなければならない。通常学級の場合，この点は理解している子どもがほとんどであろう。

　次に，確認すべきなのは「社会的ルール」の理解である。簡単に言えば，「人の物や店の物を，黙ってとってはいけないということを知っているか」を確認するということだ。

　当然だが，このことを確認するためには，本人が他人の物をとったことを認めていなければならない。本人が「とっていない」と言うのに，「とってはいけないことは，わかっているの？」と尋ねても無意味だからだ。

　実は，この「とったこと」を認めさせることは，とてもむずかしい。目撃した子どもの話を集めたり，状況などを確認したりして，もしもとったことが事実ならば，本人に必ず認めさせたいところだ。

　なぜなら，一度成功してしまうと，その「盗み」を繰り返してしまう子が多いからだ。

　人権や適切な指導の仕方（例えば，複数教師による聞き取り）に留意しながら，間違った行動はなんとしても見つけ，認めさせ，指導する。その子の未来のために，マイナスの成功体験は，積み重ねないようにしたい。

とることが悪いことだと知らない場合

さて，その子が人の物をとったことを認めた。かつ，本人が「人の物をとること」が悪いことだと知らないということがある。低学年で，時々起きる事例だ。

こうした場合，次のような事柄に触れて指導をする。

・人の物をとることはいけないことだと教える。

・とられた人の気持ちを代弁して伝える。

・相手への謝罪が必要だと教える。

・人の物をとることは，犯罪である。

・犯罪を行った場合，その責任をとらなければならない。（警察に逮捕される。牢屋にも入らなくてはならない）

・そうなった場合，あなたの家族がとても悲しむ。

・先生もとても悲しい。

・もうしないように努力して欲しい。

場合によっては，校長などからも指導をしてもらうなど，「大きな事柄なのだ」ということを子どもに認識してもらう。また，虐待などが心配される場合をのぞいては，家庭にも連絡をして，指導してもらうことが必要だ。

また，とられた相手が「○○さんにとられた」と訴え，「加害者」として認識されている場合，とった子には相手への謝罪もしっかりとさせる。

そうなった場合，とられた方の子のケアも必要であるし，その家庭にもこの件を伝える。一方で，とられた方の子の家庭にこの件を伝えてあることを，とった方の子の家庭にも伝え，保護者からも謝罪をしてもらう。

一連の対応は，一貫して罰を与えるという認識ではなく，多くの人が悲しい思いをしたり，つらい思いをしたりすることを，とった子どもにわかってもらうということを第一に考えて行う。

悪いことだと知っていて，とってしまう子のとらえ方

　とることが悪いことだとよくわかっていない子どもがいる一方で，知っているのにそれを繰り返してしまう子どももいる。その原因は様々だ。

　例えば，貧困から必要な物を，度々人や店からとってきてしまうという場合がある。また，「衝動制御障害」を原因として盗みを繰り返してしまう「クレプトマニア」という病気の場合もある（吉田，2020）[17]。また，そうなってしまう原因は，単純ではない。家庭の経済状況，子育ての状況，生育歴，性格，障がいなどが複雑に関連している。

　こうして見ると，子どもの盗みをやめさせることは容易ではないということがわかる。また，原因が複雑であるので，その対応も個別的で，複雑なことも当然と言える。

　例えば，経済状況などに起因して盗みが起きている場合には，行政機関との連携も必要になる。一方で，「自分が盗むのは仕方ないことだ」のように思考の歪みが子どもに見られる場合は，医療的，心理的なアプローチも必要になってくる。しかし，教育以外のアプローチが必要な場合がある一方で，やはり教育的アプローチも重要なことには変わりない。なぜなら，その子のサポートをする様々な機関の中で，最もその子に近い存在は学校であるからだ。また，その子と最も濃密な関わりを持っている大人は，間違いなく担任だ。担任のできることは少なくない。

　様々なその子の状況を知ることは大切なことであるが，それらを盗む原因として特定だけして，「だから，仕方がない」と考えてしまったり，担任ができることは少ないと考えたりすることはいけない。また，医者でもないのに「この子は『クレプトマニア』っぽいから，治らない」などと考えるなどもってのほかだ。よくなるかどうかは確かにわからない。しかし，それでも子どもの成長を信じて可能性のあることはなんでもするのが，教師という仕事だ。

担任としてできること

　物やお金をとってしまったときの状況を確認することは，もちろん大切だが，その中でも現在私が特に重要だと考えている質問は，次の通りだ。

> とる前はどんなことを考えていたの？

　これは，金品をとる前の心理状態を確認する質問だ。

　もちろん，覚えていないという場合もあるが，次のように答えてくれる場合もある。

　「○○ちゃんにあげたかった」（Ⓐ）

　「□□が食べたかった」（Ⓑ）

　「△△ちゃんの鉛筆きれいだなって，思った」（Ⓒ）

　これによって，その子がどういう状況の時に，とりたくなるのかということを把握でき，再発の防止に後々役に立つ。Ⓐの場合は，「○○ちゃん」との関係改善もすべき。Ⓑならば，お店に近づかないようにすべき。また，Ⓒの場合はクラスの子どもたちに，記名の指導をすべきだろう。

　また，どういう状況で自分が物をとりたくなるかが，本人に理解されることが，重要である。それが，とってしまう状況を，自分で避ける第一歩になるからだ。

> とろうと思って，手を伸ばしているときは，どんなことを考えていたの？

　とろうとしている最中に，良心が働き，止めようという気持ちがあったかどうかを確認する質問だ。

　これには，「悪いと思いながらとった」「なんか『ほしい』気持ちでいっぱいだった」のように，子どもたちは答えることが多い。

　どのように答えたにしても，結果としてとってしまっているので，止めようという思いが，十分には働かなかったということだ。

　そうであるならば，その思いが働くようにする，あるいはもっと強くなる

ような働きかけが必要だ。

しかし，これがむずかしい。金品をとろうとしている場に，教師が居合わせることは恐らくない。教師は，その子と常に行動をともにして，その子が金品をとろうとしたら働きかけるというようなことはできないのだ。

ある心理学の専門家に，このことを相談した。すると，「まぶたの母」のようになれればいいという助言をいただいた。

つまり，その子が金品をとろうとしたときに，教師のことを思い出せるようなことができればいいと言うのだ。

そこで，私はそれから二つのことをした。

一つは，よりいっそうその子との雑談時間を増やしたこと，もう一つは，「また，とりたくなったら，先生のことを思い出してね」と言い添えて，自作のミサンガを腕にしてあげたことだ。

さて，次の質問だ。

> とり終わった後，「悪いなあ」と思う気持ちって，10のうち，どれくらいあるのかな？

子どもによっては，手元の紙に長方形を書いて，０〜10のメモリを書いて，線を引かせるなどする。

これで，「１」でも，たとえ「0.1」でも，「悪いなあ」という気持ちがあるのなら，次のように私は声をかけるようにしている。

「物をとることが悪いことだとわかっているのに，やってしまって。そして，自分のこと，『悪かったなあ』って思うのって苦しいでしょう」

> １年後の自分は，物をとり続けている？　それとも，止めていたい？

これが，最後の質問だ。

つい，教師は「もうしないことを約束して」などと，言ってしまう。そして，約束を破られたら「あのとき，約束したでしょう‼」などと激怒する。

しかし，その約束は教師が一方的にしたものであり，なにより金品をとる

ことを我慢できなくて最も傷ついているのは，子ども自身なのだ。

　はじめは，「このままでいい」と答えるような子どももいるかもしれないが，なんとかその子の「ポジティブな部分」を引き出したい。

　そして，「じゃあ，そうなれるように先生もお手伝いするね」と伝える。

ポジティブな部分に着目する

　金品をとってしまったときには指導されるが，とらなかったときに注目されることは，多くの場合ないだろう。

　しかし，金品をとらないようになることが目標ならば，一方でとらなかったときにも注目して，正しい行動を強化すべきだろう。

　そこで，カレンダーのような日付が並んだ物を用意して，毎日，「とらなかった」ときにシールなどを貼り，一定数のシールが貼られたらその子が喜ぶようなカードを渡すようにする。

　また，そうしてできたときには，「なぜ，がんばれたのかな？」と尋ねるようにする。

　「店に近づかないようにした」「先生のことを思い出した」などの，その子にとっての成功できる方法に気づかせてあげるようにするればいい。

　また，万一，それが続かなかったとしても，叱責などの厳しい指導は意味がないばかりではなく，むしろ不安を高め「盗み」を繰り替えさせてしまうという指摘もある[17]。もしも繰り返してしまっても，「大丈夫だよ，少しずつとらない日を多くしていこうね。今まで，○日間ガマンできたんだから，それを１日でもいいから伸ばそうね」と伝えよう。

8 他人に厳しい子

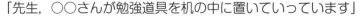

何が目的なのか

「先生，○○さんが勉強道具を机の中に置いていっています」

「先生，○○くんが休み時間，１年生にいじわるしていました」

「先生，○○くんが，給食落としたのに拾っていません」

こうした訴えを，たくさんしてくる子がいる。

教師としては，自分が見逃していたことを教えてくれるので助かるときもあるが，どうも釈然としない。

細かなことまで逐一報告にくるし，他の子にも疎まれているようで，心配になる。

アドラー心理学の研究者，岩井俊憲（2014）によれば，「人のあらゆる行動には，必ずその人自身の思いを伴った目的」があるという[18]。

この考え方に沿えば，当該の子どもの目的はなんであろう。

恐らくは，教師の注目であろう。他者の不備や不足を教師に伝えることによって，「だから，自分は正しくて，よい子ですよ」と認めて欲しいということだろう。

まずは，こうした子どもの思いを子どもらしい切実な思いだと受け止めて，愛らしいと思えるといいと思う。

一つひとつの訴えを煩わしいと思ってしまうと，不用意な言葉が口をついて出たり，その子のよさまで見失ってしまったりすることになる。

そこで，まず大切なのは「その子の思いを認めてあげること」，次に「適切な行動に導いてあげること」だ。

度々の指摘は，確かに煩わしいかも知れないが，その子の正義感は大切にしてあげるべきだ。

認めつつ，適切な行動を引き出す

　例えば，子どもが「先生，○○くんが，給食落としたのに拾っていません」と訴えてくる。

　そこで，まずは「そうか，そうか。それで○○さんはどう感じたの？」と尋ねる。

　「いけないなあと思いました」

　これに対して，「そうだねえ，先生もいけないなあと思うよ。教えてくれてありがとう。ところで，放っておくとどんなことになりそう？」とさらに尋ねる。

　「ええと，誰かが踏んで教室が汚くなります」

　「そうだねえ，先生も○○さんと同じ考えだよ。それで，○○さんには何ができそう？」

　こう尋ねると，「拭きます！」という場合と，「○○くんに言って，拭いてもらいます」という場合がある。前者なら，「ありがとう」と伝える。また，後者の場合は，「どんなふうに言うつもりかな？」と尋ね，やさしい言い方なら，「その言い方なら，きっと聞き入れてくれそうだね。でも，もしダメだったら先生にもう一度教えてね」と伝えるようにする。このように，認めることと，質問をプラスして，適切な行動を引き出していくようにする。

教師は「認める＋質問」で対応

⑨ 寂しさから落ち着かない子

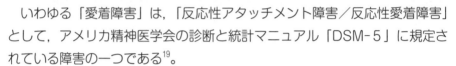

「愛着障害」に関する知識が必要だ

　いわゆる「愛着障害」は，「反応性アタッチメント障害／反応性愛着障害」として，アメリカ精神医学会の診断と統計マニュアル「DSM-5」に規定されている障害の一つである[19]。

　精神科医ではない教師は，もちろんある子どもの現象に対して，「愛着に問題のある子だ」と決めつける権限を持っていない。また，仮に心の内でそう決めたとしても，その子の発達が改善されるわけでもない。しかし，教師は「愛着障害」に関する一般的な知識を持っている必要があると私は考えている。なぜなら，「愛着障害」に関する治療や対応の方法が，「寂しさを感じている子ども」の対応にヒントを与えてくれることがあると考えるからだ。

　「愛着障害」は，「子どもの基本的な情緒欲求の持続的無視」や「子どもの身体的欲求無視」「主たる保育者の頻繁な交替による安定した愛着形成の阻害」のいずれかが原因とされ，幼児期や，小児期，青年期に初めて診断される障害に分類されている。さらに，いくつかの型に分類され，一つは，「脱抑制型愛着障害（初対面の人にもなれなれしく接近，過剰な親しみを示し，一見社交的に見え，無警戒で誰にでも甘えたがる）」であり，もう一つは「抑制型愛着障害（警戒的，素直に甘えられない，腹を立てたり嫌がったり矛盾態度）」だという[19]。このように原因は同一であっても，その現れ方が真逆であったり，発達障害をともなっていたりする場合もある。一方で，元来発達障害ではないのに，愛着の課題から，そのように見える場合などもある。

　このように，いわゆる「愛着障害」のある子や，それが疑われる子たちが複雑な現象を見せるとすれば，チームとしてその子への教育にあたること，新しい専門的な知識を，常に取り入れることなどが担任には必要となる。

第一は，安全基地をつくること

　こうした子どもたちへの対応の第一手は，安全基地をつくることにつきる。子どもたちは，健全な愛着を感じる相手がいてはじめて，外界への興味関心を持ち，探索行動に出ると言われている。

　だから，このことがクリアできない限り，その子の健全な成長や学習は保障されにくい。

　しかし，それは簡単なことではない。子どもの現象が，一筋縄ではいかないくらいに深刻だからだ。授業中の落ち着かない行動などとして，愛着の課題が現れる場合もあれば，自他への攻撃として現れる場合もある。

　また，家庭環境も様々であり，養育者の状況も様々であるので，家庭の協力が得にくかったり，コンタクトをとることさえままならなかったりという場合もある。あわせて，口が裂けても「お宅のお子さんには，愛着に関する問題があります」などとは言ってはいけないのだ。

　ところで，主に愛着の問題は，その子の幼児期の愛着形成の問題を原因とする場合が多い。

　そうすると，教師の中には，「それは，学校の仕事ではない」と考える人もいることだろう。しかし，では，その子の健全な発達を促す環境づくりは，誰がするのだろうか。

　私は，現行の体制の中では，学校の，とりわけ担任が，当該児童支援の核となることが，最もよいと考えている。

　それは，子どもとともにいる時間が，保護者に次いで長いからだ。その子への影響という面では，担任教師ほど大きな影響力を持つ人はいない。

　その上で，一般論となってしまうが学級担任としてできることの第一は，やはり子どもにとって安心・安全な人や場所を確保するということになる。

　もちろん，その相手は担任がいい場合が多い。その子の主たる活動場所である教室において，担任と愛着形成ができたら，その子にとって，これほど安心な状況はないからだ。

役割を分散させる

　愛着を形成する相手は保護者などの養育者でなくてもよいということがわかっているので，その意味で，学校においては担任がその役割を担うことがよいとは言える。

　しかし，その子が教師に愛着を感じてくれたからといって，すべての問題が解決するわけではない。それはそれで問題はある。

　いや，むしろ担任に愛着を感じてくれるようになったからこそ，発生する教室の問題も少なくない。

　例えば，担任と愛着形成をとった後，担任を独占したいと強く思うが故に，他の子どもへの攻撃が現れてしまうようなことが，起きる場合もある。

　また，その子が担任教師を独占しようとする態度が，その子と周囲の子との軋轢を生むこともある。

　当然，周囲の子だって担任教師に注目して欲しいわけだ。

　その子の不適切な行動は，愛着形成が行われてこなかったが故のことではあるが，愛着形成が誰かと行えた後も，このように決して安心できるような状況ではないということだ。

　そこで，管理職や養護教諭，支援員，図書館司書なども含めた職員で，校内支援チームをつくることが必要だ。そこで，担任教師への独占を緩和する方法を検討するといい。具体的には，担任がその子のことに手が回らないときに，その子が行く場所や頼っていい人を決めておくなどするということだ。

　また，校外においては次のようなことを，早急に行う必要がある。

・保護者や本人にカウンセリングが必要な場合は，スクールカウンセラーとの連携を図る。

・虐待などが疑われる場合は管理職を通して，児童相談所，警察，その他の行政機関と連携を図る。

・家庭に金銭的な困窮などがある場合は，管理職に報告し，市町村の当該部署と連携する。

日常的な留意点

　保護者から暴力や性的虐待を受けていたりした場合や，本人が極端に嫌がらない場合に限っては，私はできるだけその子に触れるようにしてきた。

　もちろん，高学年であったり，教師にとってその子が異性だったりする場合は避けてきた。しかし，それでも「遊び」などを通じて，自然に触れられるときにはそうしてきた。

　パニックを起こしたときなどは，背中をゆっくりとさすってあげたりもした。

　また，それがむずかしい場合は，子どもによってはぬいぐるみを与えて，いつでも抱いていていいことにしたり，教室に四方を囲まれた空間をつくり，その中にいつでも入ってもいいことにしたりもした。

　教室の近くの空き教室などに行って，落ち着くことも許していた。

　これらの運用のルールには，周囲の子との関係でむずかしい面があるが，私は基本的に「必要がある人は，いつでも誰でも，それをしていい」というルールにしていた。

　望めば，誰にでも「あなたもそうしていいんだよ」と伝えてきた。では，全員が授業中にぬいぐるみを抱いていたり，全員が仕切られた空間に入り込んだりするかと言えば，そんなことはない。

　また，「寂しさから落ち着かない子」にフラッシュバックが起きたり，パニックなどを起こしたりした場合には，一人にはせずに必ず応援を要請し，落ち着ける場所で，黙って治まるのを待つようにしてもらった。

　このときも，周囲の子が怖がらないように，差し障りがない程度に，当該児童の状況を説明しておくようにするとよい。

　例えば，「○○さんね，前にあった怖いことを思い出しちゃうことがあるんだよ。みんなも，とても怖いことがあったら思い出しちゃうよね。それで，落ち着くまで別の教室にいるからね。今，がんばっているところだよ」のように伝える。

10 教室内のいたずらに対応する

教室内で起きるいたずら

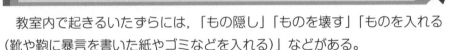

　教室内で起きるいたずらには，「もの隠し」「ものを壊す」「ものを入れる（靴や鞄に暴言を書いた紙やゴミなどを入れる）」などがある。

　「もの隠し」は，筆記用具を隠す場合や靴を隠す場合などがある。

　それにはレベルがあって，ごく短時間隠して自分で元に戻し，名乗り出たりするような「悪ふざけ」の場合もある。こうした場合，低学年ならしっかりといけないことだと教える必要がある。高学年男子だとコミュニケーションの一つの形ともとらえられる場合もある。しかし，多くは行き過ぎて，大きなトラブルになるので，こちらも「『ちょっといたずらしよう』という気持ちはわかるが，いけないことです」と教えるのがいい。

　一方，長時間，ものが隠され，名乗り出る子どももいないという場合がある。例えば，靴などがなくなり見つからないというような場合だ。まず，大切なことは被害にあった子どもに寄り添うということである。話をよく聞き，不安や恐怖を受け止めてあげることだ。他の子どもたちには，「隠された○○さんが，どのような気持ちでいるか」を想像させ，数名に話してもらう。「とても悲しいと思う」「『いったい誰だろう？』と不安だと思う」というような声が聞かれる。この段階では，被害にあった子どもに，教師も，他の子どもも注目するのがいい。その上で，他の子どもたちに「一緒に探すこと」をお願いする。そして見つかったら，「みんなで，これから○○さんのことを見守って，助けてあげる」ことを確認する。

　一方で，「見つけた人」が誰かということも大切だ。もちろん，子どもを疑うことは厳禁だが，経験的に「第一発見者」が加害者であることもある。

根の深いいたずらへの対処

　先に書いた「もの隠し」は，加害側の承認欲求が原因となって，行われることが多い。「注目して欲しい」「認めて欲しい」が引き起こす不適切な行動である。だから，「被害」児童の自作自演ということもあるし，加害児童が注目を集めたいと考え，自分で隠したものを自分で見つけるということもある。

　こちらは，再発防止のために被害児童はもちろんのこと，加害児童にも注目して承認欲求を満たしてあげるということが大切だ。

　一方で，「ものを壊す」「ものを入れる」などの行為は，被害児童との間になんらかのトラブルがあり，それが原因であったり，過去にされたことを恨んでいたりということが原因になっていることが多い。

　だから，被害児童の最近の交友関係やいじめがないかを細かく聞き取る必要がある。

　それと同時に，「ものを壊す」「ものを入れる」などの連続被害が与えられることを，食い止めることに全力を尽くす。つまり，できるだけ加害児童を見つけるということだ。

　子どもたちの中には，一度した悪いことがばれないと，「自分は大丈夫だ」と，誤学習してしまう子がいる。しかも，困ったことにそうした子どもたちの中には，同様の事件が3回あったとして，そのうちの一部でもばれないと，さらに巧妙にやろうとする子もいる。つまり，やったことのすべてを事実として認めないと，指導が効果をあげないということだ。

　もちろん，私たちは警察ではないので，厳しく，しかも細部まで調査したり，カメラを設置したりするようなことはできない。子どもを最初から疑うようなことは絶対にいけないし，想像や憶測でものを言ってもいけない。これを，肝に銘じつつ指導にあたる。

　しかし，できる限りの事実や目撃情報を集めて，こうした「根の深いいたずら」を見つけてあげるのがいい。それが，今後，その子が同様のことを繰り返さない唯一の方法であり，被害児童を出さない予防策であるからだ。

11 保護者のクレームに どう対応するか

クレームに対応する

多くの場合，保護者は学校に「もの申すこと」に遠慮がある。基本的に，学校に向けては，ものを言いにくいのだ。

それを言ってくるのだから，よほど困った状況なのだと，教師は認識した方がよい。

しかし，なかなか厳しいクレームも最近は多い。また，事実誤認で保護者が怒っている場合などもある。

そうしたときに，どう保護者の話に対処したらいいだろうか。

第一に大切なことは，保護者の話を遮らずに，まずは聞くということだ。私は，電話なら20分間までは黙って聞くと決めている。

その間に発する言葉は，3つだ。

「わかりました」「ご心配おかけしました」「悲しい思いをさせてしまいました」

ただ，ずっと受け止めてだけいると，こちらが精神的に参ってしまうので，メモをとりながら聞くことにする。これで，頭が感情的にだけではなく，理性的に働き，整理される。それによって，ひどく落ち込んだり，怒りが込み上げてきたりすることを抑制することもできる。

さて，ひたすら聞くわけだが，中には事実ではないことが含まれている。そんなときは，確実な情報であるもの以外は口に出したり，相手の言ったことに反論したりしないようにする。

ただ，「明日，お子さんに確認して，必ず明日中にお返事します」と話すだけにする。相手の怒りが強いものであればあるほど，その場で何か話すのは逆効果だからだ。何を聞かされても腹が立つのが今の状況だろうから。

クレームを伝えてくる目的を考える

電話を切ったら，管理職への報告を済ませる。

その後，もちろん明日どのように子どもたちに尋ね，話をするかを考えなければならない。しかし，その前にして欲しいことがある。

それは，手元でとっていたメモを見直すということだ。それを眺めながら，クレームを言ってきた保護者の目的について思いをはせて欲しい。

何のために，保護者はあれほどに激しくあなたにクレームを言ってきたのだろうか。

もちろん，子どもが可愛いというのも，子どものことが心配だというのも誤りではない。しかし，それだけだろうか。

例えば，①保護者のうちの一方が，長期単身赴任をしていて，親としての責任を自分がしっかりと果たさなければと強く感じている。②祖父母からのプレッシャーがあり，「自分がしっかりと子育てをしている」ということを伝えずにはいられなかった。③保護者が，子どもとの関係が現在うまくいっておらず，子どもに「自分は味方だよ」ということをアピールするために，激しくクレームを入れた，など，色々な場合が考えられるだろう。そして，相手の言葉から，その目的を考えることこそ，今後，その保護者との関わり方のコツを導き出すことになる。

例えば，祖父母からのプレッシャーが背景にあるのなら，子どものいいところを，連絡帳に書いて子どもに「おじいちゃん，おばあちゃんにも見てもらってね」と伝えて，渡せばいい。

また，保護者と子どもの関係がうまくいっていないのならば，子どもに「お父さん，お母さんの好きなところはどこ？」と尋ね，何かの折にその答えを伝え安心させてあげるようにする。

教師にとって，保護者からのクレームは本当につらい。しかし，相手がなぜクレームを入れてきたかを少しでも理解できれば，今後の対応が適切になるばかりでなく，その保護者を強力な味方にすることも可能なのだ。

引用・参考資料

1 例えば，河村茂雄（2000）『学級崩壊予防・回復マニュアル─全体計画から１時間の進め方まで』図書文化社がある。

2 野中信行，横藤雅人（2011）『必ずクラスがまとまる教師の成功術！』学陽書房

3 バーンズ亀山静子（2020）「UDL とは何か」『指導と評価』第六六巻二月号七八二号

4 UDL ガイドライングラフィックオーガナイザー
　　http://udlguidelines.cast.org/binaries/content/assets/udlguidelines/udlg-v2-2/udlg_graphicorganizer_v2-2_japanese-rev.pdf（令和２年８月30日閲覧確認）
　　udlguidelines.cast.org ｜ © CAST, Inc. 2018 ｜ Suggested Citation: CAST（2018）. Universal design for learning guidelines version 2.2 [graphic organizer]. Wakefield, MA: Author

　　実践には Katie Novak & Kristan Rodriguez（2018）『UDL 実践者の成長のルーブリック』が役立つ。
　　https://www.novakeducation.com/wp-content/uploads/2018/11/1019JapaneseUDL_Progression_Rubric_FINAL.pdf（令和２年８月30日閲覧確認）

　　日本語で読むことができる国内唯一の UDL 専門書には，Tracey E.Holl,Anne Meyer, David H.rose（2012）『Universal Desighn for learning in the Class room』The Guilford Press（トレイシー・E・ホール，アン・マイヤー，デイビッド・H・ローズ　バーンズ亀山静子（訳））（2018）『UDL 学びのユニバーサルデザイン』東洋館出版がある。

5 UDL 研究会編著『わかりたいあなたのための学びのユニバーサルデザイン　改訂版』
　　https://drive.google.com/file/d/1xJdMbGmc1zdz63epQYMp0yTzYrpI51ti/view（令和２年８月１日閲覧確認）

6 松山康成（2018）「学級全体で取り組む PBIS」栗原慎二『ポジティブな行動が増え，問題行動が激減！　PBIS 実践マニュアル＆実践集』ほんの森出版

7 三島美砂，宇野宏幸（2004）「学級雰囲気に及ぼす教師の影響力」『教育心理学研究』p.52

8 近藤邦夫（1995）『子どもと教師のもつれ』岩波書店

9 山田洋一（2019）『子どもの笑顔を取り戻す！　「むずかしい学級」リカバリーガイド』明治図書出版

10 CAST（2011）『Universal Design for Learning Guidelines version 2.0. Wakefield, MA:

Author.』（金子晴恵，バーンズ亀山静子（訳））

　　http://udlguidelines.cast.org/binaries/content/assets/udlguidelines/udlg-v2-0/udlg-
　　fulltext-v2-0-japanese.pdf（令和2年11月7日閲覧確認）

11　川俣智路（2020）「学習支援から学習者の発達支援へ―UDL を支える足場的支援
　　（Scaffolding）―」『指導と評価』第66巻2月号782号

12　ケイティ・ノバックは，国際的に有名な教育コンサルタントであり，マサチューセッツ
　　州のグロトンダンスタブル地域学区の教育長補佐。学びのユニバーサルデザイン
　　（UDL）を推進している。

13　「自由進度」での実践には，高橋尚幸（2020）『流動型「学び合い」の授業づくり　時間
　　割まで子どもが決める！』小学館がある。

14　文部科学省（2017）『小学校学習指導要領（平成29年告示）解説国語編』

15　「令和2年度版『ひろがる言葉　小学国語　六上』年間指導計画・評価計画（案）」2020
　　年5月，教育出版

　　https://www.kyoiku-shuppan.co.jp/2020shou/kokugo/files/r2kokugo6_
　　nenkeihyouka_2005.pdf

16　例えば次の書を参照されたい。

　　関西大学初等部（2013）『思考ツール　関大初等部式　思考力育成法〈実践編〉』さくら
　　社

17　吉田精次（2020）『万引きがやめられない　クレプトマニア（窃盗症）の理解と治療』金
　　剛出版

18　岩井俊憲（2014）『人生が大きく変わるアドラー心理学入門』かんき出版

19　日本精神神経学会監修（2014）『DSM-5精神疾患の診断・統計マニュアル（Diagnostic
　　and Statistical Manual of Mental Disorders）』医学書院

おわりに

前著，『子どもの笑顔を取り戻す！「むずかしい学級」リカバリーガイド』の出版から１年半がたった。この間，世界は新型コロナウイルスの影響を激しく受けた。国内でも各界に大きな波が押し寄せた。学校も例外ではなかった。「学校って，何をするところなのか？」「本来の教師の役割とは？」「教育現場における優先順位とは？」などを，考えなかった教師はいなかったのではないだろうか。

先にも述べたが，本書では「むずかしい学級」での学級経営や，学習指導のアイディアを紹介するという体をとりつつ，「学校の『べき』」を精選して，教師が子どもに対して本来すべき事柄を示したつもりだ。

当初，予定もしていなかったことだが，本書は結果的に「新型コロナとともに」時代における学校教育の在り方の一つを示すことになった。古い学校を動かす，新しい考え方を私なりに示したつもりである。

その核となるのは，UDLの考え方である。UDLの考え方で実践をはじめてしばらくたったころ，ある子が手紙をくれた。そこには，「私は，○年生のころ授業中にトイレに行っては，トイレットペーパーでいたずらをしていました。でも，今はしていません。それは，勉強がわかるようになったからです。このクラスでは，わからなかったらすぐに周りの人に聞いていいのでよかったです」というようなことが書いてあった。

「周りの人に，いつ質問してもいい」というオプションを取り入れることで，この子は学べるようになった。

UDLに出会わせてくださったK先生，さらに深く導いてくださったB先生に心からの感謝を申し上げます。ありがとうございます。

また，今回も粘り強く私を激励してくださった明治図書編集部の及川誠様にも，この場を借りて感謝申し上げます。

山田　洋一

【著者紹介】
山田　洋一（やまだ　よういち）
1969年北海道札幌市生まれ。北海道教育大学旭川校卒業。北海道教育大学教職大学院修了（教職修士）。２年間私立幼稚園に勤務した後，公立小学校の教員になる。自ら教育研修サークル北の教育文化フェスティバルを主宰し，柔軟な発想と，多彩な企画力による活発な活動が注目を集めている。
日本学級経営学会理事。
ホームページ　http://yarman.server-shared.com/

主な著書
『小学校初任者研修プログラム　教師力を育てるトレーニング講座30』『山田洋一　エピソードで語る教師力の極意』『子どもの笑顔を取り戻す！　「むずかしい学級」リカバリーガイド』（以上，明治図書出版）
『発問・説明・指示を超える　対話術』『発問・説明・指示を超える技術　タイプ別上達法』『発問・説明・指示を超える　説明のルール』（以上，さくら社）
『教師に元気を贈る56の言葉』『子どもとつながる教師・子どもをつなげる教師』『気づいたら「忙しい」と言わなくなる教師のまるごと仕事術』『気づいたら「うまくいっている！」目からウロコの学級経営』（以上，黎明書房）
「ミライシード」企画開発協力（ベネッセコーポレーション）

学級経営サポートBOOKS
子どもの笑顔を取り戻す！
「むずかしい学級」ビルドアップガイド

2021年2月初版第1刷刊　©著　者　山　田　洋　一
　　　　　　　　　　　　発行者　藤　原　光　政
　　　　　　　　　　　　発行所　明治図書出版株式会社
　　　　　　　　　　　　　　　　http://www.meijitosho.co.jp
　　　　　　　　　　（企画）及川　誠（校正）杉浦佐和子
　　　〒114-0023　　東京都北区滝野川7-46-1
　　　振替00160-5-151318　電話03(5907)6703
　　　　　　ご注文窓口　電話03(5907)6668
＊検印省略　　　　　　組版所　株式会社アイデスク

Printed in Japan　　　　　　　ISBN978-4-18-323224-3
もれなくクーポンがもらえる！読者アンケートはこちらから